OBSERVATIONS

DE M. LE LIEUTENANT-GÉNÉRAL

COMTE DUPONT,

SUR L'*HISTOIRE DE FRANCE*, ETC.,

PAR M. L'ABBÉ

DE MONTGAILLARD.

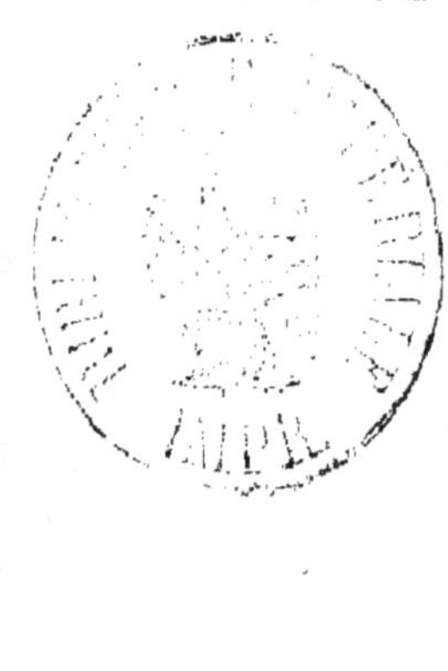

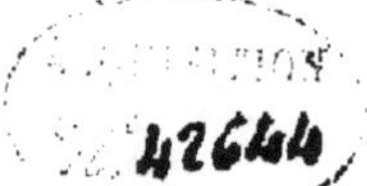

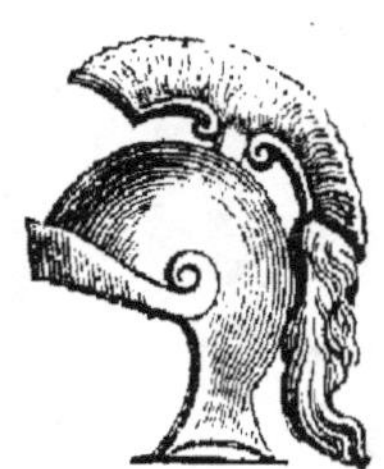

A PARIS,

CHEZ DENTU, LIBRAIRE,

PALAIS-ROYAL, GALERIE DE BOIS.

1827.

IMPRIMERIE DE FIRMIN DIDOT, RUE JACOB, N° 24

OBSERVATIONS

DE M. LE LIEUTENANT-GÉNÉRAL

COMTE DUPONT.

L'Histoire de France par M. l'abbé de Montgaillard m'oblige à publier ces Observations et à reproduire, à leur suite, l'écrit que j'ai fait imprimer, en 1823, sur la guerre d'Espagne. En s'élevant contre moi, cet écrivain s'est appuyé sur le Mémoire que M. le lieutenant-général Vedel a mis au jour pour sa défense, et je ne puis mieux repousser ses assertions qu'en lui opposant cet écrit, qui contient la réfutation de l'ouvrage qu'il a pris pour guide.

Ce qui caractérise l'infidélité d'un historien, est de présenter les faits sous un point de vue particulier, et d'écarter le jour dont ils doivent être complètement éclairés. Tel a été le plan suivi par l'abbé de Montgaillard. Il n'a considéré la campagne d'Andalousie que sous un aspect favorable à ses préventions; il n'a cité que la relation de M. le comte Vedel, et il a gardé le silence sur tout ce que le devoir du commandement et l'honneur des troupes que j'ai commandées ont exigé de moi, pour faire connaître et apprécier les faits qui me concernent.

Mais l'abbé de Montgaillard ne s'est pas borné à prononcer, sur mes dispositions militaires, ses décisions dénuées de tout fondement, et à présenter, avec une étrange confiance, ses propres vues sur les mouvements que j'aurais dû exécuter, dans les circonstances où je me suis trouvé; il s'est livré à des agressions plus odieuses, et il s'est permis d'émettre des inculpations qu'il a empruntées, en les envenimant, à l'un des actes les plus arbitraires du gouvernement impérial.

Lorsque Napoléon s'est vu trompé dans l'un

des plans de son ambition, il a voulu prouver à la France et à l'Europe que sa politique devait toujours enchaîner la fortune, et il m'a chargé d'une responsabilité destinée à fixer l'attention sur un événement isolé, pour l'empêcher de s'élever plus haut. Il ne fallait pas que l'on pût considérer si la guerre d'Espagne était juste, si elle avait été entreprise avec les moyens de succès qu'elle exigeait, et conduite d'après un plan judicieux. C'est pour prévenir ces réflexions qu'un pouvoir sans frein a affecté contre moi toutes ses rigueurs. Je ne veux point exprimer ici un ressentiment qui ne serait que trop légitime, et m'écarter des principes qui m'ont élevé au-dessus de l'injustice. Lorsque Napoléon est tombé du faîte de la puissance, j'ai su respecter en lui le malheur; j'ai retenu mes plaintes lorsqu'il pouvait les entendre, et je n'exercerai pas sur sa mémoire une vengeance peu généreuse: mais lorsqu'on rappelle les persécutions que j'ai éprouvées, et que l'on cherche à faire revivre ce qu'elles ont eu de plus odieux, je dois en signaler la cause, et montrer en même temps l'excès du despotisme dans un acte d'accusation illégal et subversif de tous les principes.

Quelle que soit toutefois la violence dont Napoléon a joint les emportements aux calculs de sa politique, je ne puis penser qu'en ordonnant cet acte arbitraire il ait dicté lui-même tout ce qu'il renferme. Comment croire, en effet, que, de l'élévation où le génie et la fortune l'avaient placé, il ait pu descendre jusqu'à des accusations dont l'absurdité surpassait peut-être l'injustice? Comment supposer qu'il ait voulu s'appuyer, dans sa toute-puissance, sur des impostures aussi révoltantes que faciles à détruire, et qu'il n'ait pas craint d'exciter le mépris qui devait les accueillir? Mais je n'ai pas besoin de rechercher à quelle inspiration appartient cette série de fausses allégations que j'ai eues à combattre, et je n'accuse que le système d'oppression qui les a fait inventer.

C'est dans cet esprit que toutes les circonstances ont été dénaturées. La calomnie s'est attachée aux plus honorables, et elles sont devenues elles-mêmes des sources d'inculpations. Le début de ma campagne avait été marqué par la prise de Cordoue. Le courage de mes jeunes soldats s'était signalé dans cette action, qui a suivi dans le même jour la brillante affaire d'Alcoléa; et, pour m'en ravir le prix, on a prétendu que j'ai toléré le pillage de Cordoue, qu'il a duré long-temps après le combat qui nous a rendus maîtres de cette ville, et que rien n'a été respecté. Mais quel est le chef d'un corps d'armée qui, devant un ennemi supérieur en forces et au milieu d'une population insurgée et en armes, pourrait compromettre son succès en abandonnant la fougue du soldat à elle-même? Le maintien de l'ordre et de la discipline n'est-il pas surtout nécessaire dans ces occasions, où un revers peut toucher de si près la victoire? Je n'ai donc toléré aucun désordre, ni permis aucun acte de rigueur. Si des exemples de sévérité ont eu lieu dans des villes emportées de vive force, et la guerre en offre de nombreux, je ne les ai jamais autorisés (1). Lorsque la ville de

(1) Les villes de Halle et de Braunsberg ont été prises par ma division et n'ont éprouvé aucun pillage, quoique l'on ait combattu dans leurs murs. Plusieurs autres villes en Allemagne ont été moins heureuses, et Napoléon a répondu aux plaintes portées devant lui, que c'était le

Cordoue a été soumise, le général Laplane, auquel j'en ai confié le commandement, y a fait régner le calme et la sécurité. Les premiers effets de l'effervescence du soldat ont été promptement réprimés; tous les corps ont campé hors des murs; des troupes d'élite ont exercé une active surveillance, et des inspections sévères ont été faites pour assurer l'exécution des règlements. On a fait un inventaire régulier des caisses publiques dont les fonds ont été employés aux besoins du service, et il n'a été établi aucune contribution militaire. En donnant pour la protection de Cordoue les ordres les plus rigoureux, j'observais à la fois les principes de la guerre et ceux d'une sage politique. Je suivais d'ailleurs un sentiment de bienveillance qui m'a toujours animé pour une nation dont je voyais à regret les qualités méconnues, les droits violés, et que, même en la combattant, nous pouvions à peine regarder comme ennemie de la France.

---

droit de la guerre. Quels que soient les fondements de ce droit redoutable, j'en ai prévenu et réprimé les effets partout où j'ai commandé.

Lorsque j'ai levé le camp d'Andujar, dans la nuit du 18 au 19 juillet, j'ai ordonné toutes les dispositions que dictait l'expérience dans la situation difficile où des fautes réitérées m'avaient placé. La marche des troupes s'est opérée avec l'ordre et la célérité que je devais désirer. Ce résultat ne semblait pas prêter matière aux inculpations. On a prétendu néanmoins que ce mouvement s'est exécuté au milieu de la confusion, et que de nombreux bagages en ont augmenté le désordre. Pour montrer combien cette allégation est contraire à la réalité des faits, il me suffira d'observer que les gros équipages des corps avaient été laissés à Cordoue, où j'avais l'espérance de revenir sous peu de temps pour achever la pacification de l'Andalousie, et que le colonel de gendarmerie Huché avait l'ordre de faire briser les voitures qui excéderaient le nombre fixé par les règlements (1). Comment n'a-t-on

---

(1) Les dispositions suivantes constatent l'erreur des allégations relatives au nombre des équipages. Il était permis aux officiers-généraux, aux colonels et aux chefs de

pas songé que tous les chefs de corps, dont l'expérience égalait la valeur, devaient veiller en ce moment avec plus de sévérité sur tout ce qui tient à l'ordre et à la précision des mouvements? Comment n'a-t-on pas pensé qu'il n'est pas un officier-général du corps d'armée qui ne fût indigné qu'on osât prétendre qu'il a négligé les précautions les plus nécessaires en marchant au combat?

Le besoin d'accuser ne pouvait créer des griefs plus imaginaires; mais tout cède à la démence qui a fait supposer que des bataillons entiers ont été employés à la garde des bagages et que cette disposition, en affaiblissant le nombre des combattants, a influé sur le sort de l'affaire de Baylen. C'est la première fois, sans doute, que l'on a accusé un chef militaire de s'être volontairement sacrifié à son ennemi. Depuis quand l'intérêt de la victoire

---

service d'avoir une voiture à quatre roues. Chaque bataillon et escadron avait droit à deux voitures. Les vivandiers ne pouvaient avoir qu'une voiture à deux roues ou des mulets.

n'est-il plus le premier de tous, non-seulement sous les rapports qui appartiennent à de nobles devoirs et à l'amour de la gloire, mais encore sous tous les points de vue possibles? Quoi! j'aurais laissé une partie de mes forces inactives sans dessein et sans utilité, car la sûreté du parc et des bagages n'exigeait pas de garde particulière dans l'emplacement qu'ils occupaient! J'aurais pu opérer ma retraite sur Madrid ou rentrer dans l'Andalousie, et j'aurais renoncé moi-même à un si grand avantage! Quelle est donc l'audace ou plutôt la faiblesse de la tyrannie, lorsqu'elle emploie de pareilles armes pour triompher?

Il était réservé à l'abbé de Montgaillard de tirer de l'oubli des inculpations de cette nature; elles ont été impuissantes dans le temps où elles furent imaginées pour seconder une aveugle oppression, et elles sont à peine susceptibles de trouver place aujourd'hui dans des libelles dédaignés. Ce qu'il y a de remarquable, c'est que Napoléon n'a pas permis la publication de l'acte monstrueux qui les renfermait. Il pressentait l'opinion, et il jugeait sans peine qu'elle serait révoltée plutôt que convaincue.

Cette précaution d'un pouvoir injuste mais habile, est un trait de lumière qui suffirait seul pour dévoiler toute l'imposture des faits allégués, si les preuves de la vérité qui les démentent et même la plus simple réflexion ne les faisaient rejeter avec mépris.

Pour rendre ses récits plus piquants par la virulence de son style, l'abbé de Montgaillard cite des discours de Napoléon, mais il lui prête des expressions dont la grossièreté ne peut être attribuée qu'à l'écrivain qui a osé les employer. L'homme extraordinaire qu'une fausse politique armait alors contre moi était trop jaloux de sa dignité pour l'avilir en affectant à mon égard un langage ignoble et injurieux. Loin de blesser de hautes convenances, il voulait faire revivre en sa faveur la magie du pouvoir suprême, et toutes ses paroles en public tendaient toujours à la rendre plus imposante. On sait d'ailleurs qu'il a d'abord apprécié mes dispositions, et qu'il m'a rendu une entière justice jusqu'au moment où une violence irréfléchie et peut-être de perfides insinuations l'ont précipité dans les voies de l'oppression. Pendant le cours de ses rigueurs on l'a même entendu rappeler avec intérêt mes actions de guerre, les vues qu'elles lui avaient inspiré sur moi et les commandements qu'il me destinait. On l'a vu accuser la fortune qui, après m'avoir tant de fois favorisé dans les faits glorieux de ma division, s'était éloignée lorsque je faisais tout pour la fixer. Des hommes que leur rang élevé approchait de lui me redisent encore ces entretiens dont le contraste avec ma position était sans exemple et rend leur souvenir plus honorable pour moi.

En relevant ce qu'il y a de faux et d'injurieux à mon égard dans l'historien que je combats, je suis frappé de cette réflexion, que le soin de ma défense est en quelque sorte superflu ; car cet auteur se réfute sans cesse, et détruit lui-même ses allégations aussitôt qu'il les a émises. Tantôt il dit qu'il ne veut rien préjuger contre mon honneur et ma conduite militaire, tantôt il déclare qu'il n'entend point m'imputer les griefs qui me sont reprochés, et il ajoute que l'on sait à quel point la renommée est fautive dans l'appréciation des faits. Ce retour à la vérité est remarquable; mais il n'excuse pas l'abbé de Montgaillard :

on ne peut pas l'accuser seulement d'une légèreté coupable ; on sent qu'il a craint le blâme de l'opinion impartiale, et qu'il a voulu se ménager l'appui d'une franchise apparente, qui n'est que l'art de déguiser sa partialité.

Les vicissitudes de la guerre sont connues. Le bonheur des armes n'a jamais été constant, et les plus grands capitaines de nos jours confirment cette expérience de tous les temps ; mais la réputation militaire se fonde sur l'équité, qui fait entrer les obstacles vaincus parmi les éléments de la gloire, et tient compte des difficultés qui n'ont pu être surmontées. Lorsque des contre-temps inévitables traversent la carrière d'un chef militaire connu par des faits honorables et importants, l'historien digne de ce nom doit être plus réservé dans ses jugements et plus attentif à peser dans une juste balance les effets de la fortune favorable ou contraire. Lorsqu'il peut opposer de nombreux succès à un seul revers, il doit venger les droits de l'expérience et la soutenir dans l'opinion contre les chances qui l'ont trahie. L'abbé de Montgaillard a ouvertement violé ce premier devoir de l'écrivain qui aspire à quelque considération. Loin de rappeler les faits militaires qui m'appartiennent, on croirait, après l'avoir lu, que je n'ai jamais paru dans les rangs de l'armée avant la guerre d'Espagne, ou, s'il me nomme, il laisse entièrement ignorer les actions des corps que j'ai commandés : j'ose croire néanmoins qu'elles ont eu quelque éclat au milieu de nos triomphes, et je me vois forcé de les retracer en peu de mots pour faire mieux sentir l'injustice de cet historien.

La campagne d'Italie qui a suivi celle que la bataille de Marengo a rendue si célèbre, a été illustrée elle-même par une victoire mémorable. Les deux armées française et autrichienne occupaient les deux rives du Mincio. Il fallait opérer le passage de cette rivière : je commandais l'aile droite, qui m'avait été confiée par Masséna, lorsque ce grand capitaine commandait l'armée d'Italie. J'exécute les ordres du général en chef, et je franchis le Mincio. Le mouvement des autres corps est alors suspendu, il n'a pu s'effectuer pendant la nuit qui devait le protéger, et je reçois l'ordre d'interrompre mon opération. Mais la victoire appelle mes troupes, l'occasion est décisive, et je maintiens le pont que j'ai fait jeter, dans la pensée que toute l'armée va accourir pour en profiter et opérer son passage. Après avoir pris sur moi la responsabilité de cette grande résolution, j'ai bientôt à lutter, sur l'autre rive du fleuve, contre toute l'armée de M. le comte Bellegarde. La guerre n'a point de chances plus inégales. L'aile droite soutient seule, pendant sept heures, tous les efforts de l'ennemi. Appuyée ensuite par le corps du centre commandé par le lieutenant-général Suchet, et par quelques régiments qui volent sur le terrain au bruit du combat, elle obtient un triomphe complet; le Mincio est forcé, et la bataille de Pozzolo est gagnée contre un ennemi trois fois supérieur en nombre. Toute l'Italie supérieure, des rives du Mincio jusqu'aux frontières de l'Autriche, est reconquise. L'abbé de Montgaillard parle à peine de cette journée extraordinaire. J'ai eu l'honneur d'y commander en chef, et il ne dit même pas si j'y ai pris part : telle est la véracité de ce prétendu historien.

La même ignorance des faits ou la même partialité règne à mon égard dans la campagne d'Autriche en 1805. Cette campagne célèbre offre les circonstances les plus remarquables. L'armée française sort des camps de Boulogne plus belle et plus puissante qu'elle n'avait paru à aucune autre époque. Elle arrive sur le Danube, force le passage de ce grand fleuve sur plusieurs points au-dessous de la place d'Ulm, et pénètre dans la Bavière. Plusieurs corps ennemis sont défaits et dispersés; mais les principales forces de l'armée autrichienne se concentrent sur la rive gauche du Danube, devant Ulm. Ma division, placée à Albeck, se trouve seule en face de cette armée, et je reçois l'ordre de marcher sur la place d'Ulm, qu'elle couvrait par sa position: l'erreur où l'on était au quartier-général français sur les mouvements de l'ennemi avait dicté cet ordre. Le combat s'engage près du hameau d'Aslach. Menacés d'être accablés en un instant par une immense supériorité, nous opposons partout la baïonnete à la mousquetterie; des charges audacieuses se succèdent pendant tout le cours de cette journée, et elles sont toujours victorieuses. La nuit sépare les combattants: nous restons maîtres du champ de bataille; les prisonniers de guerre que nous faisons égalent en nombre les soldats de ma division, et nous obtenons tous les trophées de la victoire.

Trois jours après cette action dont il est peu d'exemples, je me trouve engagé dans un nouveau combat contre l'archiduc Ferdinand. Ce prince avait laissé la moitié de ses forces dans Ulm, sous les ordres du général Mack, et s'était avancé à la tête de vingt-cinq à trente mille hommes au-delà d'Albeck. L'infériorité du nombre me fait recourir à la puissance de la baïonnette ; cette arme ne fut jamais plus française et plus redoutable, elle fait triompher partout nos manœuvres, et obtient le même succès que devant Ulm. L'archiduc est repoussé, il ne peut effectuer sa jonction avec le général Mack, et la place d'Ulm reste isolée et exposée aux chances les plus funestes.

Le lendemain de cette action, un troisième combat a lieu près d'Albeck entre ma division et le même corps d'armée qu'elle a vaincu la veille. Napoléon, instruit que l'armée ennemie, qu'il cherchait dans la Bavière, était de l'autre côté du fleuve près d'Ulm, où je l'avais combattue avec des succès inespérés, s'avance rapidement sur cette place, et, après le glorieux combat d'Elchingen, il me fait appuyer par le prince Murat, à la tête de son corps de cavalerie. Le résultat de cette action est la retraite précipitée de l'archiduc : il se replie sur la Bohême; nous suivons sa marche, faisant chaque jour de nombreux prisonniers de guerre, et ce prince perd enfin tout son corps d'armée. Pendant ce temps, Napoléon force le général Mack à capituler; la place d'Ulm et le corps d'armée qui la défend tombent entre ses mains. Tel est le dénoûment de cette campagne étonnante, et telle a été l'influence de ma division sur un si grand succès. La fortune n'a jamais offert de chances plus redoutables, et elle n'a jamais mieux secondé le courage contre une immense supériorité de forces. Comment qualifier l'abbé de Montgaillard, lorsqu'on le voit passer sous silence des faits qui semblent surpasser tout ce qu'on peut attendre d'une simple division ?

Le combat de Diernstein, dans la même campagne, a été, pour les mêmes troupes, l'un des plus beaux titres de gloire que la guerre puisse offrir. Un corps d'armée russe défait, une division française secourue dans la position critique où elle se trouvait après avoir fait les plus nobles efforts du courage sous un illustre chef, les espérances d'un ennemi redoutable changées en triomphe pour nous, tels sont les faits de cette journée remarquable.

La campagne de Prusse s'ouvre en 1806, et l'étonnement de l'Europe va redoubler à l'aspect de nouveaux triomphes. Je n'ai point pris part à la grande bataille d'Iéna ; mais la journée de Halle, qui a eu lieu quelques jours après, en a dédommagé ma division, composée des mêmes régiments que dans la campagne d'Autriche, et dont le courage va être couronné des mêmes succès. Un corps de vingt-cinq mille hommes, sous les ordres du prince de Wirtemberg, défendait Halle. Je suis chargé par le prince de Ponte-Corvo d'attaquer cette ville : on ne pouvait l'aborder que par un pont d'une longue étendue, retranché, couvert de troupes ennemies et protégé par une nombreuse artillerie. L'extrême difficulté de cette opération n'avait pas été prévue : l'audace et la promptitude pouvaient seules en faire espérer le succès, et je me décide soudainement à la tenter de vive force. Ma division est aussitôt disposée pour l'attaque : elle s'élance à travers le feu le plus redoutable ; elle aborde l'ennemi à la baïonnette, le renverse, enlève le pont, force l'entrée de la ville et s'en empare. Elle se porte, après ce premier succès, contre toutes les forces du prince de Wirtemberg, dans la position qu'il a prise hors de l'enceinte de Halle, les défait, les met en fuite, et la ville est alors toute entière en notre pouvoir. D'autres corps français s'avancent dans ce moment, et concourent avec ma division à précipiter la retraite des Prussiens. Ce fait d'armes a paru à tous les militaires l'un des plus étonnants que la fortune et l'audace puissent opérer. Napoléon en a été lui-même le plus vivement frappé. Les paroles que l'abbé de Montgaillard met dans sa bouche pour exprimer son étonnement et sa satisfaction sont vraies ; mais il en fait une application inexacte. C'est au moment où il arrivait sur le pont de Halle, deux jours après cette action, que Napoléon, jugeant par ses propres yeux les difficultés que ma division avait eues à vaincre, et la résolution que j'avais prise d'attaquer à force ouverte une position qui semblait inexpugnable, dit : « Comment ! « c'est sur ce pont qu'ils ont passé devant une « armée ! j'aurais hésité à attaquer avec soixante « mille hommes. » Le maréchal Lefèvre, dont les hauts faits d'armes et la franchise militaire sont si connus, m'a rendu immédiatement ces paroles remarquables qu'il avait entendues de la bouche de Napoléon. Le silence de l'abbé de Montgaillard sur le succès de mes troupes dans cette circonstance si remarquable montre davantage quelle est sa véracité.

Après la grande et meurtrière bataille de Preuss-Eylau, l'armée française, qui avait eu l'honneur de la victoire, mais dont les pertes étaient immenses, se rapproche de la Vistule pour prendre ses quartiers d'hiver. Les Russes suivent son mouvement et passent la Passarge à Braunsberg. Je reçois, du prince de Ponte-Corvo, l'ordre de reprendre cette position. L'ennemi, plus nombreux, dispute le terrain avec opiniâtreté, mais il est vaincu et repoussé: la ligne de la Passarge nous est rendue. Cette rivière couvre et affermit notre position, et la victoire de Braunsberg donne à l'armée l'avantage de maintenir ses quartiers d'hiver sur la rive droite de la Vistule. Napoléon a hautement reconnu l'importance de ce succès, qui a montré à l'ennemi que nos troupes n'avaient rien perdu de leur confiance et de leur supériorité; mais l'abbé de Montgaillard n'en fait aucune mention.

J'omets plusieurs actions qu'il pourrait m'être permis de citer, et j'arrive à la plus remarquable peut-être de celles qui ont honoré ma division. C'est la part décisive qu'elle a prise à la bataille de Friedland. Les deux armées ennemies se trouvent en présence devant cette ville. La victoire va prononcer entre les deux empereurs, et décider du sort des contrées du nord, que la bataille d'Eylau a laissé indécis. L'action, commencée dès la pointe du jour, se soutenait avec un égal avantage des deux côtés. Napoléon suspendait les derniers efforts de son armée, et il attendait la réunion de toutes ses forces pour développer toutes ses dispositions. Ma division arrive sur le champ de bataille, et il ordonne alors des mouvements plus décisifs : elle se présente après avoir fait, par une marche rapide, neuf lieues dans ce même jour : placée d'abord en réserve derrière l'aile droite, elle est témoin de la valeur des corps qui agissent en avant d'elle, mais l'ennemi fait de soudains efforts avec ses troupes d'élite. La garde impériale russe s'avance avec impétuosité, gagne du terrain et menace de couper la ligne française. Dans cette crise terrible, je ne prends d'ordre que de moi-même, et je me porte en avant avec ma division, qui va justifier l'honneur que lui a fait Napoléon de compter sur elle pour la victoire. Elle attaque la garde impériale russe avec un ordre et une précision de mouvements qui égalent son audace; le choc est terrible entre les deux partis; mais la valeur française l'emporte sur l'intrépidité russe. L'aile gauche de l'ennemi, un moment victorieuse, est renversée. Nous pénétrons dans Friedland; tous les corps de l'armée agissent en même temps avec un courage plus animé pour compléter leur succès; et la victoire, qui fut si long-temps disputée, nous est assurée avec ses immenses avantages. Les éloges de Napoléon ont répondu à l'héroïsme de ma division sur ce champ de bataille, où il a paru dans toute la force de son génie pour la guerre, et, si je puis le rappeler, il m'a adressé à moi-même les plus hauts témoignages de satisfaction que le dévouement militaire pût recueillir.

Je n'étendrai pas davantage cette esquisse de mes campagnes. J'ajouterai seulement que j'ai reçu, après le premier combat de cette guerre, une récompense à laquelle la gravité des circonstances a donné un nouveau prix. Louis XVI a daigné honorer ma conduite sur la frontière du nord en m'accordant la décoration militaire, et je dois ajouter, avec un profond sentiment de vénération pour la mémoire de ce prince vertueux et magnanime, que cette décoration est la dernière qui soit sortie de ses mains augustes. Une distinction remarquable s'est jointe à cette faveur; l'assemblée nationale a rendu un décret qui m'a dispensé de l'âge exigé par les lois pour recevoir la croix de Saint-Louis. Je ne rappellerai pas mes travaux relatifs à la direction générale des armées, à l'époque de nos premiers triomphes en Italie et en Allemagne, ainsi que mes services comme chef de l'état-major-général de l'armée qui a franchi le Saint-Bernard et vaincu à Marengo. Les détails que j'ai donnés suffiront pour faire juger le silence de l'abbé de Montgaillard sur mes actions militaires. Mais s'il a jeté un voile sur les succès qui ont illustré les troupes dont j'ai eu l'honneur de guider le courage, il a méconnu avec la même injustice ce qui me concerne dans les circonstances qui ont terminé le règne de Napolén et relevé la dynastie de nos rois.

Lorsque le plus grand événement de la monarchie est arrivé, les hommes éminents qui avaient saisi les rênes de la restauration ont pensé que ma place était marquée dans le gouvernement provisoire. Le portefeuille de la guerre m'a été confié. Les plus hauts intérêts y étaient attachés; ma confiance et mon zèle se sont élevés avec eux, et j'ai eu le bonheur de voir l'armée se rallier avec enthousiasme sous le drapeau des lis. Après avoir présenté au roi une armée dévouée, il fallait lui donner une organisation conforme à la puissance du royaume, aux progrès de l'art militaire, que tant de trophées avaient confirmés, et à des droits fondés sur la gloire. J'ai été soutenu dans ce grand travail par la confiance du roi, dont la bonté égalait les hautes conceptions. Tous les grades ont été maintenus, l'établissement de nos forces actives a été fondé sur de justes principes ; le cadre de non activité a obtenu des avantages dont il n'avait jamais joui, et des suppressions incompatibles avec la restauration du trône ont été écartées. Si l'on considère le tableau des commandements donnés aux officiers-généraux dans toutes les divisions militaires, la formation des régiments dans toutes les armes, la création ou le rétablissement des institutions militaires les plus importantes, on reconnaîtra, dans tous les actes du département de la guerre à cette époque, la bienveillance du roi pour son armée et mon zèle infatigable pour la rendre toujours plus florissante.

D'autres intérêts ont occupé en même temps ma plus vive sollicitude. Tous les défenseurs de la cause royale, qui avaient suivi d'augustes exemples au dehors, ont recueilli le prix de la fidélité. Les ordonnances royales que j'ai proposées ont satisfait à tous les droits, adouci toutes les infortunes. Les nobles restes de l'ancienne armée et les rangs glorieux de la nouvelle ont été réunis dans la même bonté royale comme dans le même dévouement. L'existence militaire de tous a été consolidée ou rétablie, et les intérêts de l'État, pour la paix et pour la guerre, ont été conciliés avec ceux de l'armée dans tous les grades. Tels sont les résultats qui ont marqué mon administration. S'ils se trouvent omis dans les pages d'un historien décrié par la partialité qui les a dictées, ils vivent dans l'estime de l'armée, dans le souvenir des amis de la monarchie, et, après de longues persécutions, ils en ont été pour moi les plus nobles dédommagements.

Les réflexions que fait l'abbé de Montgaillard sur ce qu'il appelle les grands bouleversements de 1813 et 1814, ne sont pas plus judicieuses que ses récits ne sont fidèles. L'influence qu'il attribue, sur les événements de cette époque, à un fait militaire antérieur de plusieurs années, est évidemment imaginaire. On doit même reconnaître qu'il ne pouvait avoir qu'une faible importance à l'égard des opérations générales de la campagne de 1808, si les dispositions qui l'ont suivi avaient été moins précipitées. L'armée espagnole d'Andalousie ne s'est portée sur Madrid que longtemps après le combat de Baylen. Cette capitale a été abandonnée volontairement, et il était facile d'en conserver la possession. On pouvait attendre, en s'y maintenant, l'entrée de Napoléon en Espagne avec toutes ses forces, comme on l'a attendue sur l'Èbre, pour reprendre l'offensive. L'imprudence de quelques dispositions dans le début de la campagne demandait un voile; la dissémination de nos troupes, et surtout le morcellement de mon corps d'armée, étaient des fautes qu'il fallait couvrir, et l'on a attaché à l'affaire de Baylen une influence qui lui était étrangère, au lieu de considérer qu'elle a été en partie amenée par ces mêmes fautes.

Mais la grande et véritable cause des événements de la Péninsule et de ceux qui les ont suivis est dans une imprudence et une témérité qui partent de plus haut. Napoléon portait dans son génie le principe des plus grandes choses et des plus funestes; ses triomphes ont été extraordinaires et ses désastres les ont surpassés. Ébloui par des succès dus à la supériorité de ses conceptions et à la puissance de ses armées que guidaient sous lui d'habiles chefs, il a voulu recueillir une gloire nouvelle et vaincre, pour ainsi dire, sans combats. La possession de quelques places fortes, qu'il a fait occuper par surprise ou sous le prétexte de ses traités avec l'Espagne, et la présence de trois corps d'armée, composés de jeunes soldats dont la plupart étaient à peine armés et équipés, lui ont paru suffire pour s'emparer de ce vaste royaume et décorer son invasion du titre de conquête. De cette présomption inouïe sont nées des fautes dont les suites étaient inévitables.

J'ai joint à cet écrit une carte du terrain sur laquelle sont tracés les positions et les mouvements des troupes; elle fera juger d'un coup-d'œil mon plan d'opérations, les résultats qu'il devait obtenir, et les fautes qui me les ont enlevés. J'avais reçu l'ordre le plus impératif et le plus précis d'occuper Andujar et de me maintenir dans cette position le plus long-temps possible. Toutes mes dispositions devaient ainsi avoir pour but de défendre le passage du Guadalquivir et de conserver la liberté de nos communications avec Madrid.

Les indications que présente cette carte sont faciles à saisir; je vais néanmoins y joindre de courtes explications pour les rendre plus sensibles. La division Barbou, la division Fresia, cavalerie, la brigade suisse et le bataillon des marins de la garde, formaient le corps d'Andujar (n° 1). Une tête de pont avait été construite, des batteries étaient placées sur tous les points accessibles; tout était préparé pour repousser l'ennemi et le contenir sur la rive gauche du Guadalquivir.

L'armée espagnole (n° 2) s'étant portée de Cordoue sur Andujar, occupe les hauteurs qui dominent la rive gauche du fleuve. Elle forme sa première attaque le 15. Elle la renouvelle le 16 avec plus de force et d'opiniâtreté. Ces deux attaques sont repoussées. Ma confiance dans mes dispositions de défense s'affermit de plus en plus. J'ai l'espérance fondée d'obliger l'ennemi à abandonner son dessein, et je me tiens prêt à profiter de tous ses mouvements pour le combattre, le disperser et marcher sur Séville.

La division Vedel occupe la position de

Mengibar (n° 3); elle a pour objet de couvrir la route de Madrid en défendant le passage du fleuve. Il est facile de reconnaître l'importance de ce point de défense. Sa sûreté est indispensable au maintien de la position d'Andujar. La vigilance la plus active est nécessaire pour éclairer le cours du fleuve et repousser les attaques qui seraient tentées dans cette direction.

Le corps ennemi, placé en face de Mengibar (n° 4), est commandé par le général Reding. Il a été détaché de la position occupée par le général en chef Castaños devant Andujar, et il s'est formé successivement le 15 et le 16. Le général Vedel est attaqué le 15, mais sans succès de la part de l'ennemi. L'état des choses reste le même des deux côtés. Ces mouvements et ces combats me font sentir la nécessité de lier plus fortement la position de Mengibar et celle d'Andujar; le point le plus important et le plus difficile à défendre étant celui d'Andujar, et l'attaque du 15 me faisant pressentir tous les efforts de l'ennemi, je donne l'ordre au général Vedel de m'envoyer un bataillon qu'il chargera de reconnaître dans sa marche le cours du fleuve, et dans le cas où il n'aurait pas d'ennemis devant lui, je lui prescris de faire marcher une brigade sur Andujar. Cette disposition n'offrait aucun inconvénient pour la sûreté de Mengibar, et elle fortifiait mes espérances pour celle d'Andujar, dont je dirigeais moi-même la défense. Elle devait être exécutée sans restriction : mais, loin de s'y conformer, le général Vedel marche avec toute sa division sur Andujar (n° 2), et laisse à Mengibar le général Ligier-Belair avec un faible corps chargé de sa défense; il ne reconnaît point les forces ennemies qui se trouvent devant cette position, et il l'abandonne aux chances les plus dangereuses. Aussitôt qu'il a opéré son mouvement, l'ennemi cherche à profiter de cette faute; il passe le fleuve, et, à la faveur de sa supériorité, il repousse le général Ligier-Belair, qui dispute le terrain avec fermeté et aussi long-temps que ses forces le permettent. Le général de division Gobert arrivait en ce moment de la Caroline à Baylen ; il voit toute la gravité du danger qui menace notre ligne d'opérations, et il se porte rapidement au secours du général Ligier-Belair. Le combat recommence avec une vive ardeur (n° 7);

mais cet officier-général, l'un des plus distingués de l'armée, est mortellement blessé, et le général Dufour, qui le remplace, se replie sur Baylen, où il prend position.

La division Vedel arrive à Andujar (n° 6). Le faux mouvement qu'elle vient d'exécuter en quittant le poste de Mengibar, qu'elle devait défendre, a donné lieu à l'attaque des ennemis sur ce point si important et leur a livré le passage du fleuve. La plus grande promptitude était nécessaire pour prévenir les suites de cet événement. Je confie ce soin à M. le général Vedel. Je crois devoir lui donner cette occasion de réparer par un beau succès la faute grave qu'il a commise, et j'ai lieu de penser qu'il va exécuter mes nouveaux ordres avec d'autant plus de zèle et de précision que la violation des premiers peut avoir les conséquences les plus funestes. Mes instructions lui prescivent de marcher sur Baylen (n° 8), de chercher le corps de Reding, que je présume être entre cette ville et Mengibar, de le combattre et de lui faire repasser le fleuve. J'avais augmenté la force de sa division pour lui faire obtenir plus sûrement ce glorieux résultat.

Après avoir rétabli la sûreté de la ligne de Mengibar, il devait se reporter avec célérité sur Andujar pour combattre avec moi le corps ennemi campé devant cette ville. Ayant ainsi réuni toutes mes forces, j'aurais attaqué le général en chef Castaños, au moment où il s'était affaibli d'une grande partie des siennes par la marche du général Reding sur Mengibar. Cette circonstance m'offrait un succès infaillible, et j'étais dans la plus vive impatience de saisir une occasion que j'avais préparée d'après les principes les plus sûrs de la guerre.

M. le général Vedel se met en marche dans la soirée du 16. Arrivé à Baylen le 17 au matin, il méconnaît de nouveau ses instructions. Il laisse les ennemis à Mengibar, il néglige les reconnaissances nécessaires pour s'assurer de leur position, et il continue sa marche sur la Caroline (n° 9), d'après les faux bruits du mouvement d'un corps espagnol dans cette direction.

Lorsque M. le général Vedel arrive à la Caroline (n° 10), le 18 au matin, il voit que l'ennemi ne s'est point porté de ce côté, et il acquiert la certitude que les rapports qu'il m'a adressés de Baylen et de Guaraman, sur ce mouvement, sont complètement inexacts. Il doit alors penser que lorsque je l'ai autorisé à suivre l'ennemi dans cette direction, j'étais dans la confiance que ses rapports étaient fondés, et que leur inexactitude étant maintenant prouvée à ses propres yeux, mes premières instructions conservent toute leur force. Il doit sentir la nécessité de se reporter rapidement sur Baylen, pour couvrir cette ville et marcher de là sur Mengibar, où il trouvera le corps ennemi qu'il est chargé d'attaquer et de disperser; mais il perd la journée du 18 à la Caroline, et laisse le corps de Reding se porter de Mengibar sur Baylen et couper la communication entre nos deux corps.

Le 19, le feu du combat de Baylen se fait entendre à la Caroline dès trois heures du matin. Il doit faire penser à M. le général Vedel que, me trouvant séparé de lui depuis trois jours, et voyant notre communication interceptée, j'ai dû quitter Andujar pour opérer notre réunion, et que j'attaque à Baylen ce même corps de Reding que je l'avais chargé de chercher et de combattre. Les principes les plus impérieux de la guerre veulent qu'il vole à ce signal avec sa division pour secourir les divisions Barbou et Frésia, qui luttent contre des forces quatre fois supérieures en nombre: mais il part de la Caroline à cinq heures et il s'arrête à Guaraman, qui en est éloigné seulement de deux lieues ainsi que du champ de bataille. Le bruit du canon et de la mousqueterie porte et redouble à chaque instant, dans tous les corps de sa division, l'étonnement d'un repos qui n'était pas nécessaire après une marche de deux lieues. Un besoin plus pressant, celui de combattre, se faisait sentir dans tous les rangs. Les officiers-généraux et supérieurs éprouvaient la plus noble impatience de marcher, ils la témoignaient hautement, et ils ne concevaient pas une inaction dont les suites pouvaient être si funestes. Deux heures suffisaient pour arriver sur le terrain, surprendre l'ennemi, le placer entre deux feux, lui enlever l'avantage de sa position, et l'accabler. Toutes les fautes antérieures auraient été réparées par la victoire; mais le temps perdu à Guaraman a trompé les efforts des divisions Barbou et Frésia : elles n'ont pu maintenir le succès qu'elles avaient d'abord obtenu, en enlevant des drapeaux et des canons, et je me suis vu privé de la moitié de mes forces par le contre-temps le plus inouï que la guerre ait jamais offert.

Après un repos de six heures, la division Vedel se remet en marche et se porte sur Baylen (n° 12). Le combat était terminé depuis long-temps, et l'inaction de Guaraman avait eu son effet désastreux. Cette circonstance suffit seule pour fixer l'opinion sur cet événement. Il est à jamais prouvé que M. le général Vedel pouvant arriver à neuf heures du matin sur le terrain du combat, et n'ayant paru que vers quatre heures du soir, lorsque le sort de l'action était décidé, ce retard inexplicable a fait tout le succès de l'ennemi. Il n'est aucun esprit qui ne soit frappé de cette vérité ; elle a eu la même évidence parmi les troupes qui ont combattu avec un courage digne de la victoire et dans les rangs de celles qui n'ont point agi, mais dont l'ardeur brûlait de les seconder. Elle ne peut jamais être obscurcie non-seulement aux yeux de tous les militaires, mais encore à ceux des hommes les plus étrangers aux opérations de la guerre.

Lorsque la force des circonstances et la nécessité de la guerre m'ont obligé de traiter avec l'ennemi, pour rendre à la France des troupes que la faiblesse et l'épuisement rendaient incapables d'agir, et dont l'honneur était défendu et couvert par le courage avec lequel elles avaient soutenu le plus violent combat, ce n'est pas sans effort sur moi-même que j'ai cédé à ces considérations. J'ai senti le sacrifice que je faisais à ces braves soldats, mais j'ai reconnu en même temps le devoir de les arracher aux extrémités de leur situation, de conserver à l'État leur courage, et de leur préparer les moyens de venger un injuste revers.

J'ai pensé en outre que l'amour de la gloire, qui m'a guidé sur tous les champs de bataille, et les faits d'armes auxquels mon nom est attaché, devaient me rassurer contre l'effet des préventions. Cette espérance n'a pas été trompée. Je n'ai pas compté en vain sur la loyauté française. Le souvenir de mes services m'a victorieusement défendu; la vérité des faits a confirmé tous les jugements favorables qui s'étaient manifestés pour moi, et l'on s'est partout élevé contre des rigueurs qui, loin de porter atteinte à ma réputation militaire, ont fait remarquer davantage les titres sur lesquels j'avais tâché de la fonder. Les premières pensées de Napoléon lui-même ont répondu à ce sentiment général d'équité. Il a apprécié, ainsi que je l'ai observé, les justes dispositions et les courageux efforts qui ont été employés pour triompher des circonstances et réparer des fautes irréparables. Aussi long-temps qu'il a cru à l'exécution fidèle du traité qui devait ramener mes troupes, et leur donnait la faculté de rentrer immédiatement en campagne, il a persisté dans cette opinion; mais la déloyauté qui a fait violer une convention que l'on devait regarder comme sacrée, puisqu'elle avait été stipulée sous le sceau de l'honneur militaire, lui a fait violer à son tour les principes d'un juste gouvernement. Il était sans doute impossible de prévoir le manque de foi dont j'ai été la victime, et je m'honore, avec tous les officiers-généraux, qui ont reconnu le traité indispensable, de n'avoir pas conçu un soupçon aussi injurieux pour l'antique foi espagnole. La loyauté qui, fut toujours le premier sentiment français, ne nous permettait pas de l'éprouver. Quel homme parmi nous, et surtout dans nos camps, pourrait me reprocher de n'avoir pas pressenti les effets d'une foi punique au milieu d'une nation noble et civilisée ? L'invasion de la Péninsule a été injuste, les conférences de Bayonne n'ont pas été exemptes de perfidie ; mais ces griefs de l'Espagne contre Napoléon ne devaient pas renverser les lois de la guerre, et briser le sceau de l'honneur entre des troupes également dignes de l'invoquer. La politique des gouvernements peut être plus ou moins généreuse; l'estime ou le mépris des peuples en est le prix. Mais la foi jurée entre les braves est indépendante de toutes les circonstances : quels que soient les torts que les chefs des nations aient l'un envers l'autre, elle doit toujours rester inaltérable.

Lorsque les lenteurs apportées à l'exécution du traité, qui devait avoir son effet immédiat, m'ont fait soupçonner l'intention affreuse de le violer, j'ai réclamé contre cette déloyauté inouïe avec toute la force que donnent le sentiment de l'honneur et l'indignation. Que n'ai-je pu alors tenter de nouveau le sort des armes? Combien la bravoure française, exaltée par l'horreur de la perfidie, a gémi dans tous les rangs de ne pouvoir courir à la vengeance! Je n'accuse point toutefois les généraux ennemis d'avoir concouru à un acte que tous les principes outragés rendent si odieux. J'aime au contraire à me persuader qu'ils l'ont combattu de tous leurs moyens, et qu'ils ont voulu prévenir les jugements de l'Europe qui le flétriront éternellement. Mais si la junte de Séville, dans l'ivresse de sa puissance et au milieu de l'exaltation des esprits, a pu méconnaître les droits les plus sacrés et l'honneur de sa propre cause, je me suis fortifié contre les effets de cet événement, dont j'ai supporté le poids le plus rigoureux, par le sentiment de mon inébranlable loyauté. Elle a dicté toutes mes dispositions au milieu des contre-temps dont j'ai été assailli. J'ai repoussé des avantages qu'elle n'aurait pas avoués, et les Espagnols eux-mêmes ne l'ont pas vainement réclamée dans les plus graves circonstances.

C'est à ces principes et à la vérité des faits vainement omis ou contestés par la partialité que je dois d'avoir eu l'opinion de l'armée pour soutien contre l'oppression. Si des rivalités s'élèvent quelquefois du sein des succès militaires et les font juger avec sévérité, elles disparaissent devant la justice dans des circonstances moins heureuses. Plus l'amour de la gloire est véritable, et plus il fait sentir à ceux qui en sont pénétrés qu'ils doivent s'appuyer mutuellement pour en recueillir les nobles fruits. La carrière la plus ouverte aux chances de la fortune exige que l'opinion soit solidaire dans tous les rangs en faveur de tous les titres noblement acquis. Ce principe s'allie étroitement à l'honneur; il assure aux braves une illustre carrière, aux armées leurs plus beaux triomphes, et il en répare les revers : il est reconnu chez tous les peuples, mais c'est surtout parmi nous que les succès dus à l'audace et à l'habileté et les malheurs injustes sont également appréciés. La nation la plus sensible à la gloire, et la plus fidèle aux lois qui la maintiennent, devait donner ce généreux exemple.

Les actes les plus violents d'une autorité absolue ont ainsi été impuissants pour égarer l'opinion à mon égard. Les corps que j'ai eus sous mes ordres dans nos campagnes du nord ont fait éclater les premiers un sentiment fondé sur de glorieux souvenirs, et qu'il m'a été si doux de voir se propager dans l'armée. Ce cri de la justice s'est confondu avec les suffrages du corps d'armée que j'ai commandé en Espagne, soit dans les divisions à la tête desquelles j'ai combattu, soit dans celle qui n'a pu agir et développer la même valeur. Les officiers-généraux et supérieurs des divisions Barbou et Fresia avaient à défendre leur propre réputation militaire. Ils ont pu juger mes dispositions dans le combat et celles qui l'ont précédé ou suivi : l'honneur les eût rendus inexorables, s'ils avaient eu des griefs à m'opposer ; mais leur loyauté en a fait mes constants défenseurs. Les chefs de la division Vedel n'ont, de leur côté, fait entendre que le noble regret de n'avoir pas combattu et d'être restés inactifs près du champ de bataille où j'attendais avec tant d'impatience les effets de leur courage et de leur habileté. Loin de se diriger vers moi, leurs reproches et leurs plaintes se sont réunis contre M. le lieutenant-général Vedel. La citation suivante en est la preuve la plus remarquable, et elle confirme ce que j'ai déja dit à cet égard. L'officier-général chargé de la négociation, et autorisé, à ce titre, à me faire des rapports sur tout ce qui la concernait et l'avait rendue nécessaire, m'a fait connaître plus particulièrement l'opinion des officiers-généraux et supérieurs de la division Vedel, et il m'a écrit : « Ils m'ont « tous témoigné leur mécontentement de la « manière inconcevable dont le général Vedel « s'était conduit le 19, de l'insouciance qu'il « montra à la Caroline et surtout à Guaraman, « lorsqu'ils entendaient la canonnade et la fu- « sillade qui partaient de Baylen, et du refus « qu'il a constamment fait de se porter avec « rapidité sur Baylen, d'après les instances « réitérées qui lui furent faites par tous les « généraux et chefs de corps. Ils avouent que « la cause de nos désastres est due au général « Vedel. Enfin, mon général, j'espère que le « moment n'est pas bien éloigné où Sa Majesté « mieux instruite vous rendra toute sa con- « fiance, confiance justement méritée par vos « faits d'armes antérieurs; et certes la bataille « de Baylen, et la conduite que vous y avez

« tenue lorsqu'elle sera connue, ne pourront « que l'augmenter. »

La première campagne de la Péninsule peut ainsi être présentée dans ce rapide aperçu. Vainqueur des puissances du nord, Napoléon veut réunir l'Espagne à ses conquêtes, et placer cette belle couronne dans sa famille. Mais ses armées sont dans le nord de l'Europe, et il est impatient de jouir d'un si grand triomphe. De profondes combinaisons vont suppléer à la force des armes. Sous le voile de l'amitié ou par adresse il se fait ouvrir les places fortes de l'Espagne, ses troupes occupent Madrid, et il se voit, sans coup férir, en état d'exécuter les vues impénétrables qu'il a conçues. Les deux rois Charles et Ferdinand sont attirés à Bayonne. La couronne est rendue au vénérable et vieux monarque, qui la cède à Napoléon, et la captivité du jeune prince qu'entouraient tant d'espérances est le dénoûment de la révolution de cour la plus inouïe. Mais l'Espagne se soulève. La faiblesse des moyens destinés à soutenir l'invasion se manifeste alors de toutes parts; les corps français se trouvent surpris à leur tour au milieu d'une nation qui vole aux armes; ils opposent partout leur courage, ils obtiennent des succès partiels; mais à l'impuissance du petit nombre, à l'inexpérience de jeunes soldats à peine levés et armés, se joignent des plans d'opérations défectueux, des fautes militaires imprévues, et la Péninsule échappe à la politique audacieuse de Napoléon.

Tel est le tableau qu'offre le début de cette guerre. Mais si l'imprévoyance d'un conquérant trop énivré de ses triomphes, a été la cause première de nos revers, une imprudence nouvelle aura des effets plus graves, et le développement des plus grandes forces ne produira que des victoires infructueuses. Obligé de respecter des peuples jaloux de leur indépendance, et plus ardent à les soumettre, Napoléon se hâte d'appeler ses vieilles bandes à la tête desquelles il va marcher et déployer lui-même toute sa puissance. On voit la grande armée traverser l'Europe, franchir les Pyrénées et entamer dans la Péninsule ses vastes opérations. Elle surmonte d'abord tous les obstacles, elle porte partout l'ascendant de son courage et de son expérience tant de fois victorieux, et elle couvre de ses succès toutes les provinces de la Péninsule. Mais la constance et l'ardeur de l'insurrection, parmi les Espagnols, et le secours puissant des Anglais opposent des obstacles toujours renaissans et renversent enfin une conquête que des dispositions fondées sur les circonstances et la nature de cette guerre n'avaient pas cimentée. En considérant les forces immenses que Napoléon a conduites dans la Péninsule, il est permis de penser qu'un plan d'opérations plus conforme à la situation de ce royaume, et à l'esprit de ses peuples, en aurait opéré la soumission entière et durable. Mais, si l'on a pu, à l'époque de la guerre, concevoir des vues susceptibles de produire ces grands résultats, ce serait, aujourd'hui, blesser les plus justes convenances que de les exposer et d'en développer l'application. Les liens politiques que Louis XIV a créés entre deux grandes nations, et que Louis XVIII a resserrés par les mains victorieuses du prince généralissime, interdisent toutes les pensées qui n'auraient pas pour objet cette étroite union et tous les intérêts qui y sont attachés.

Quant à ce qui me touche dans les événements de 1808, je me repose sur la vérité qu'un pouvoir absolu a voulu vainement étouffer, et que l'injustice d'un écrivain ne peut obscurcir. Aussi long-temps qu'il y aura des armées, et que le souvenir de mes opérations dans l'Andalousie sera conservé, on reconnaîtra les causes qui en ont empêché les succès ; on jugera les fautes militaires que j'ai été forcé de retracer, et une opinion équitable continuera à me venger des persécutions d'un pouvoir qui n'est plus, et des agressions que la licence de la presse multiplie de nos jours contre tous les hommes les plus jaloux de l'estime publique. L'inexécution de mes ordres fera sentir les dangers dont le commandement est entouré, le principe de l'obéissance militaire en aura plus de force, les chefs des armées, avertis par mon exemple, le maintiendront avec plus de sévérité, et les gouvernements eux-mêmes sentiront le besoin de l'affermir davantage pour la sûreté de leurs états et la gloire de leurs armes.

Je n'étendrai pas davantage ces observations ; elles n'étaient pas sans doute nécessaires pour détruire l'effet des invectives que renferme l'ouvrage de l'abbé de Montgaillard. Un écrivain qui offre à ses lecteurs, au lieu de la vérité, l'injustice et l'erreur, ne peut être accueilli que par ce qu'il y a de moins noble dans la société. Lorsqu'on le voit se jouer de sa propre réputation et se contredire lui-même dans ses allégations injurieuses, il dispense de les combattre, et il serait permis de ne leur répondre que par un mépris silencieux. D'autres écrivains ont été plus justes à mon égard; ils ont senti que la bonne foi honore seule la plume de l'historien, et que la partialité vouée à de déplorables passions ne conduit le talent qu'à une honteuse célébrité. Si quelques auteurs trompés par les actes d'un pouvoir égaré, ou par des écrits publiés chez l'ennemi, au milieu des préventions et des haines nationales qui accompagnent la guerre, ont blessé la vérité qu'ils ont ignorée; la loyauté dont j'aime à les croire animés, les portera sans doute à rectifier des erreurs involontaires. Le vrai talent ne se voit jamais coupable d'injustice sans se hâter de réparer ses torts, pour l'intérêt même de sa renommée.

Il n'appartient qu'à des écrivains sans foi et sans estime d'eux-mêmes de braver le blâme qui suit parmi nous l'injure calomnieuse et réfléchie. Si la carrière publique a les traits de l'envie et les viles spéculations de la presse à redouter, un vif sentiment d'équité veille partout pour protéger l'amour du trône, de la patrie et de la gloire. C'est en me livrant à ces nobles inspirations que j'ai cherché à honorer ma carrière dans les commandements militaires et les hautes fonctions politiques dont j'ai été investi; c'est en restant pénétré de ces sentiments que je saurai toujours défendre les titres auxquels j'ai dû l'estime de l'armée, les suffrages de mes concitoyens et la confiance de Louis XVIII, à laquelle son auguste successeur daigne ajouter ses bontés royales.

J'avais écrit ces observations lorsque le IVe volume de l'Histoire de la Guerre de la Péninsule, par le général Foy, a été publié, et m'a fait connaître son opinion sur les opérations de la campagne d'Andalousie.

Quelques circonstances politiques pouvaient me faire croire à la rigueur de ses jugements sur mes dispositions militaires; mais sa loyauté, dont j'ai eu personnellement des preuves remarquables, me rassurait contre leur injustice. Je devais penser d'ailleurs qu'après avoir joint à la gloire des camps la gloire de la tribune, le général Foy voudrait y ajouter celle de l'historien, et recueillir tous les suffrages que donne l'impartialité unie au talent.

L'écrivain qui retrace les actions de la guerre, se constitue l'arbitre des réputations fondées sur le courage et l'habileté militaire, et il contracte, à ce titre, des obligations que l'honneur des braves rend inviolables. Mais si la vérité, qui doit être l'objet de toutes ses recherches, est facile à reconnaître dans les événements ordinaires, il en est autrement lorsqu'ils se trouvent compliqués et obscurcis par des intérêts contraires ou par les injustices du pouvoir. Il faut alors plus de sagacité pour saisir la réalité des faits et plus d'élévation dans l'esprit pour la produire au grand jour. Cette observation s'applique au général Foy. Il a joint à une investigation éclairée de tout ce qui appartient à l'histoire cette noblesse de principes qui présente les faits glorieux comme les retours de la fortune, et relève tout ce que la passion veut rabaisser.

Après avoir fait remarquer l'esprit d'injustice dont l'abbé de Montgaillard a été animé lorsqu'il a gardé le silence sur mes campagnes, en Italie et dans le nord, afin de donner plus de force à ses invectives, il me sera permis de rapporter ici l'opinion que le général Foy a émise sur mes services dans le cours de la guerre. En lisant le passage suivant on verra l'écrivain militaire du premier ordre me venger honorablement de l'auteur partial et du faux historien.

« Il n'y avait pas dans l'empire, dit le général « Foy, un général de division classé plus haut « que Dupont. L'opinion de l'armée, d'accord « avec la bienveillance du souverain, le portait « au premier rang de la milice ; et quand il partit « pour l'Andalousie, on ne doutait pas qu'il ne « trouvât à Cadix son bâton de maréchal. En

« 1801, sous Brune, il changea, dans la journée du 4 nivose, l'opération secondaire dont « il était chargé en une attaque principale, « et l'obstination qu'il déploya contre l'ennemi, malgré le chef de l'armée qui lui envoyait l'ordre de se retirer, valut à Dupont « le renom d'un général audacieux. Ce renom, « il le soutint et le grandit dans les campagnes « d'Allemagne. Toutefois, parmi ceux qui le « voyaient de près, quelques-uns lui refusaient « la force de volonté et l'inspiration du moment; « mais tous étaient d'accord pour reconnaître « en lui un courage brillant et un esprit distingué. »

Le général Foy a sans doute élevé trop haut le prix de mes actions militaires; mais si je ne puis m'attribuer tout ce qu'il y a de flatteur dans le passage qui précède, je ne dois pas non plus souscrire aux restrictions qu'il renferme, et j'y suis d'autant plus autorisé, qu'elles n'appartiennent pas au général Foy. S'il m'avait refusé la force de volonté dont il parle, il me suffirait de répondre que je m'en réfère à lui-même. Il a signalé, en effet, l'obstination que j'ai mise à continuer le passage du Mincio, que j'avais commencé avec succès; il a applaudi à ma fermeté pour maintenir une opération que tous les principes de la guerre m'obligeaient de poursuivre, et il a rappelé que son résultat a été le gain d'une grande bataille: cette conduite n'offre-t-elle pas la volonté forte dont il a fait mention? n'ai-je pas le droit de réclamer cette qualité de l'homme de guerre, ou d'en présenter du moins un un exemple remarquable?

Quant à l'inspiration du moment dont il est question dans le même passage, j'en atteste encore les observations du général Foy et des faits connus. Ai-je délibéré long-temps lorsque je me suis porté avec ma division au-devant de la garde impériale russe, qui s'élançait de sa position, sur le champ de bataille de Friedland, et menaçait d'enfoncer nos lignes? Un délai de cinq minutes, dans cette crise terrible, pouvait faire perdre la bataille; mais ma détermination a été aussi prompte que le danger était pressant. L'attaque de vive force que j'ai dirigée contre la ville de Halle au moment où le prince de Wirtemberg achevait à peine ses dispositions de défense, n'a-t-elle pas été soudainement conçue et exécutée? N'est-elle pas aussi l'effet de l'une de ces inspirations du moment que le coup-d'œil et l'enthousiasme font naître? La résolution qui m'a fait attaquer devant Ulm l'armée autrichienne commandée par l'archiduc Ferdinand a été également prompte et décisive. Nous avons dévancé tout-à-coup les dispositions de l'ennemi, pour mieux surmonter son immense supériorité, et la journée d'Aslach a été pour ma division le fruit glorieux de cette lutte extraordinaire. La précipitation peut sans doute être funeste à la guerre, mais la vivacité d'une détermination audacieuse est comme cet élan de bravoure qui fut toujours l'apanage des Français, l'un des gages les plus heureux de la victoire.

Quelle que soit ma répugnance à faire valoir les faibles titres que présente ma carrière, j'ai dû rappeler les faits qui lui appartiennent, et réclamer ce qu'ils ont d'honorable pour moi. Il m'eût été plus doux de ne pas avoir à les reproduire; mais l'amour d'une juste considération m'oblige à la défendre contre toutes les attaques de la malveillance et même contre les erreurs involontaires dont les circonstances qui me touchent peuvent être l'objet. C'est sous ce dernier rapport que je dois considérer quelques inexactitudes échappées au général Foy dans la relation de la campagne d'Andalousie. En se livrant aux recherches historiques qu'exigeait l'impartialité sévère qu'il voulait imprimer à son ouvrage, il n'a pu les complèter sur tous les points, et je regrette que des renseignements précis n'aient pas toujours secondé son noble zèle pour la vérité.

Sans rentrer dans des explications superflues, je présenterai seulement ici quelques-unes des réflexions qui m'ont été suggérées par les assertions que j'aurais à repousser si elles pouvaient encore subsister. Le général Foy les aurait sans doute rectifiées lui-même si le temps de revoir son ouvrage lui eût été donné : j'ose croire, en effet, que son expérience militaire lui aurait fait sentir, lorsqu'il a parlé de la prise de Cordoue, que les circonstances qu'il retrace n'ont pu avoir lieu, que le combat n'a eu pour but que la victoire, et non une inutile et odieuse dévastation. Il aurait pensé qu'il n'est pas un général en chef qui voulût jamais tolérer le pillage d'une grande ville, surtout dans un royaume regardé comme l'allié de la France, et dont les troubles semblaient devoir être promptement calmés; il aurait reconnu qu'il est injuste de présenter l'effervescence momentanée de jeunes soldats sans expérience comme un désordre effréné, et qu'il est insensé de croire que tous les chefs d'un corps d'armée aient pu consentir à voir leur autorité outragée, la discipline foulée aux pieds et l'honneur de la victoire compromis. Je suis donc fondé à penser que le général Foy, éclairé par la réflexion et par la connaissance des ordres que j'ai donnés, aurait rejeté des allégations fausses ou exagérées, et qu'il aurait rendu justice à la prompte et énergique répression qui a suivi les effets inévitables d'un combat livré dans les murs d'une ville insurgée.

Le même sentiment de vérité, joint à la connaissance des rapports officiels, aurait également fait repousser par le général Foy tout ce que l'on a avancé sur le nombre, la marche et la garde des bagages d'une simple division. Loin de se laisser entraîner par des imputations que l'injustice en démence a pu seule former, il les aurait lui-même combattues et livrées au mépris, si elles avaient reparu sous ses yeux, au moment où il aurait mis la dernière main à l'histoire de cette guerre. Il eût toujours mieux prouvé par son exemple que ce qui distingue le plus l'historien véritable, est la critique judicieuse des documents qu'il met en œuvre. On a dit qu'il fallait sacrifier l'artillerie et les bagages pour forcer le passage de Baylen; mais la fausseté de cette observation n'a pas besoin d'être démontrée et elle frappe à l'instant par son évidence. En effet, l'ennemi étant repoussé, tout le terrain devenait libre, et le parc et les équipages ne trouvaient aucune difficulté pour opérer leur mouvement avec celui des troupes. Mais la plus simple réflexion ne fait-elle pas voir, en outre, que ce succès aurait changé toute la face des choses, et qu'au lieu d'opérer ma retraite, j'aurais poursuivi l'ennemi et serais rentré dans l'Andalousie ?

En discutant les avantages et les dangers de la position d'Andujar, le général Foy s'élève contre l'opinion de Napoléon, qui regardait cette position comme la clef de l'Andalousie, et m'avait donné l'ordre le plus absolu de m'y maintenir jusqu'à la dernière extrémité. Quel que soit ce dissentiment de vues militaires, j'ai dû m'y établir avec force et persévérance et défendre le passage du Guadalquivir. Mes dispositions sont connues : elles n'ont pas eu l'effet que j'en attendais; mais on en connaît la cause; on sait que mes ordres n'ont pas été exécutés, et qu'il n'est aucun succès possible à la guerre lorsque le commandement est méconnu et l'ensemble de ses dispositions renversé. J'ai donc lieu de croire que l'opinion du général Foy, sur Andujar, doit céder à celle de Napoléon. Si le poste de Mengibar n'avait pas été abandonné par M. le général Vedel, et si après avoir reçu l'ordre de s'y reporter pour combattre le corps de Reding, il avait exécuté cette disposition importante, il me paraît certain que je me serais maintenu à Andujar, jusqu'au moment où j'aurais été libre de reprendre l'offensive.

Il est d'ailleurs à considérer qu'en quittant la rive du Guadalquivir, je me serais vu obligé de repasser la Sierra-Morena, par la nécessité des vivres, et que ce mouvement était contraire au plan général de la campagne. En formant deux corps séparés pour agir sur les deux rives du fleuve, l'ennemi m'avait offert la plus heureuse chance de succès; j'ai fait pour en profiter la disposition que je crois encore la plus judicieuse de toutes celles que j'aurais pu concevoir, mais le résultat que j'en devais espérer m'a échappé par les fautes dont je viens de parler, et qu'il était impossible de prévenir.

J'ai particulièrement remarqué les observations du général Foy relatives à ces mêmes fautes ; il dit : « Qu'en me plaçant à Andujar, « je courais la chance des accidents que pou- « vaient produire la fausse direction, les fautes, « les manquements des subordonnés. » Il reconnaît par-là et il confirme la justesse des plaintes que j'ai élevées contre l'inexécution de mes ordres. Ainsi, lorsque M. le général Vedel quitte Baylen le 17, et se porte sur la Caroline, au lieu de marcher à l'ennemi, vers Mengibar, où je lui avais prescrit de le chercher et de l'attaquer, c'est à ce faux mouvement que s'appliquent « les manquements des

« subordonnés » dont parle le général Foy. Il observe plus loin que j'ai autorisé M. le général Vedel à marcher sur la Caroline, mais il sent en même temps que c'était sur la foi du rapport que cet officier-général m'avait fait du mouvement des ennemis dans cette direction. Aussi ajoute-t-il que j'ai écrit au général Vedel « Marchez à eux, mettez Baylen « en sûreté, et venez ensuite me rejoindre. » Tout mon plan est tracé dans ce peu de mots : s'il eût été exécuté, le corps de Reding n'aurait point passé le Guadalquivir à Mengibar, ou il aurait été rejeté sur la rive gauche. Le général Vedel se réunissant alors à moi, j'aurais franchi le fleuve à Andujar, repoussé le corps ennemi qui menaçait cette ville, et recommencé, par cette victoire, mes opérations offensives.

Le général Foy s'explique avec la même franchise sur les fautes plus graves encore qui ont eu lieu à la Caroline et à Guaraman. Il dit : « Le 19, à la pointe du jour, lorsqu'on en- « tendit le canon du côté de Baylen, on en « était à six lieues. Vedel, ayant sous ses or- « dres des soldats novices, voulut les conduire

« serrés, et les tenir prêts à combattre. La mar-
« che fut lente. A neuf heures du matin seu-
« lement il arriva à Guaraman. Bien que le
« canon continuât à gronder, le général per-
« mit aux soldats de s'arrêter; il ne pouvait
« pas refuser, après trois jours et trois nuits
« de marches continuelles. » Les faits essentiels se trouvent ainsi confirmés; la faute qui en résulte l'est également. Au lieu de marcher avec la plus grande célérité sur Baylen pour y prendre part au combat, M. le général Vedel arrive à Guaraman et s'y arrête. On a observé qu'il voulait conduire ses soldats serrés et prêts à combattre; mais ce soin indispensable n'exigeait pas cinq heures de temps pour se porter de la Caroline à Guaraman, c'est-à-dire pour faire une marche de deux lieues; et l'on doit remarquer que le mouvement, au lieu d'être continué jusque sur le terrain du combat, a été suspendu. Quant au repos que M. le général Vedel ne pouvait, dit-on, refuser, j'observerai que sa division se trouvait dans la matinée du 17 à Baylen, et que le 19, en arrivant à Guaraman, à neuf heures du matin, elle n'avait fait que six lieues dans ces

deux jours. Peut-on regarder cette marche comme excessive? N'est-elle pas, au contraire, l'une des moins fortes que l'on puisse faire dans les mouvements qui précèdent une action importante? Est-il d'ailleurs quelques motifs de retard lorsque l'on se trouve à deux lieues seulement du champ de bataille? Le noble désir d'y voler n'a-t-il pas prouvé dans cette occasion même que le soldat français ne connaît ni fatigue, ni besoins, lorsqu'il faut combattre?

Le général Foy continue et dit : « La halte « ne devait durer que le temps nécessaire pour « reprendre haleine : Vedel a la faiblessse de « l'accorder pour une heure; elle se prolonge « beaucoup davantage. Vers midi, la canon- « nade cesse; Vedel en conclut que le danger « est passé. Lorsqu'il se met en marche pour « Baylen avec sa division, il laisse à Guaraman « celle du général Dufour et la brigade de cuiras- « siers du général Lagrange, tant était grande sa « préoccupation. » L'on voit dans ce passage que le général Foy signale hautement la plus grave et la plus inexplicable de toutes les fautes militaires. Une division reste dans le repos pendant six heures près du champ de bataille, et laisse, malgré son impatience d'agir, une autre division française lutter seule contre un ennemi dont la supériorité doit l'accabler : la guerre n'offre pas d'événement semblable. Un historien tel que le général Foy devait le montrer dans tout son jour. Il a décidé de la campagne d'Andalousie, dont les premières opérations avaient été heureuses, et il a détruit tout ce que des dispositions judicieuses et le courage le plus dévoué devaient obtenir de succès glorieux et décisifs.

C'est avec une véracité digne de la noble tâche qu'il s'est imposée, que le général Foy reconnaît la violence du combat de Baylen, les efforts que toutes les troupes ont faits avec une ardeur et une constance que soutenait la valeur de tous les chefs de corps; et il a fait remarquer les dispositions exécutées par les officiers-généraux, dont l'habileté et la haute énergie n'ont jamais été plus dignes d'éloges. Il rend témoignage aux droits de l'honneur, au courage sur lequel ils reposent, et qui ne brille pas moins noblement dans un revers non mérité qu'au milieu des succès que seconde la fortune. L'impossibilité où se trouvait la division Barbou de recommencer le combat lorsque le général Vedel est arrivé près de Baylen, est également constatée; tout ce qui est relatif à cette circonstance a été exposé et développé dans l'écrit que je publie de nouveau, et des détails plus étendus ne peuvent être nécessaires pour la faire mieux apprécier. La vérité repose ici sur la garantie la plus puissante, sur l'intérêt et le courage de tous les braves, soldats, officiers, généraux, que l'impuissance absolue d'agir a pu seule retenir dans cette situation insurmontable.

J'ai dit ailleurs ce que la loyauté m'a prescrit à l'égard des prisonniers de guerre que M. le général Vedel a faits près de Baylen. Un avantage contesté, sous le rapport de la foi des conventions, ne peut se concilier avec la noblesse de l'esprit militaire; et lorsque j'ai été instruit de la méprise qui avait eu lieu dans cet engagement, j'ai dû faire rendre à l'armée espagnole la troupe que son chef réclamait au nom de la loyauté française. Ces principes seuls m'ont dirigé; je n'ai point considéré si la conservation en notre pouvoir de quelques centaines de soldats ennemis serait plus ou moins utile aux négociations entamées pour notre retraite sur Madrid. C'est sur cette proposition seule qu'elles se sont ouvertes. Tout annonçait leur succès; tous les moyens de prudence et d'énergie avaient été pris pour l'assurer. Le général Chabert, dont la fermeté et l'habileté étaient connues, avait été choisi comme négociateur. M. le lieutenant-général Marescot était présent aux discussions, auxquelles son caractère élevé et sa renommée militaire devaient prêter le plus sûr appui. Un concours de circonstances avait fait réunir les négociateurs à Andujar. Éloigné de ce point, j'ai rappelé plusieurs fois, par de nouvelles instructions, que je voulais traiter uniquement pour ramener mes troupes à Madrid; mais des incidents multipliés et toujours plus graves ont favorisé l'ennemi, élevé ses avantages et affaibli nos moyens de défense. La force des choses est devenue alors plus invincible. La retraite sur Madrid n'a pu avoir lieu. Le transport de nos troupes par mer en France a été stipulé; il devait s'opérer immédiatement, et la non opposition des escadres anglaises était garantie. Ce n'est pas toutefois de la nation britannique, jalouse de ses intérêts et habile à les défendre, mais généreuse et fidèle aux traités, que nous avions à éprouver un manque de foi que la convention du Portugal loyalement exécutée rend plus odieux.

Le général Foy a judicieusement remarqué cette série de contre-tems imprévus qui ont traversé les négociations, et dont il a été impossible de combattre l'influence. Quant aux ordres que j'ai donnés dans ces moments, dont la gravité peut être facilement appréciée, ils n'ont eu rien de contradictoire; ils étaient conformes aux intérêts, aux obligations qui se succédaient selon les événements, et à la loyauté, qui doit être plus sacrée lorsque les dangers sont plus grands. La division Vedel ayant été comprise dans la convention, que les négociateurs n'avaient pu conclure sans cette disposition, et le salut de la division Barbon m'ayant forcé à y accéder, j'ai dû en prévenir M. le général Vedel. Il m'a fallu remplir aux yeux des Espagnols un engagement dont la violation eût blessé à la fois la loyauté dont j'ai toujours donné l'exemple et autorisé toutes les vengeances contre des soldats épuisés par le combat, par les privations et sans défense. Mais lorsque j'en avais la faculté, j'ai fait dire à M. le général Vedel de s'éloigner et de pourvoir à la sûreté de sa division, ainsi que l'observe le général Foy. Je pensais bien que l'ennemi, trompé dans son attente, me rendrait la première victime de sa fureur; mais je remplissais un devoir envers l'armée, la France et son chef. Ce dévouement m'élevait au-dessus de la situation que la fortune m'avait si cruellement préparée après d'éclatantes faveurs, et je m'applaudissais intérieurement de cette résolution comme d'un triomphe obtenu sur l'ennemi.

Parmi les observations du général Foy, il en est une que je dois relever, et dont je n'ai pu pénétrer le sens. En disant « que des vœux « pervers partis de plus haut contrarièrent les « vues généreuses du général en chef et d'une « foule de braves, » il s'exprime honorablement à mon égard, mais le reste de sa pensée m'échappe. Je dois même déclarer qu'aucuns vœux semblables n'ont eu lieu, et il est superflu d'affirmer qu'ils n'auraient pu jamais avoir d'influence. Quant à l'évènement de Cordoue qu'il rappelle, je suis forcé de redire que si, dans un but de persécution, on a pu avancer que j'ai toléré toutes les rigueurs que la guerre peut entraîner, la simple raison, d'accord avec les faits, dément cette allégation. Il n'y a eu dans la prise de Cordoue que les effets momentanés d'un combat de cette nature. Ils ont été réprimés aussitôt que la ville a été soumise ; tous les officiers-généraux et tous les chefs de corps ont déployé le zèle le plus énergique pour la préserver du pillage, et je l'ai défendu sous peine de mort. De semblables imputations doivent donc rester ensevelies dans les archives d'un pouvoir tombé sous ses propres injustices, ou, si elles en sont exhumées, elles ne peuvent paraître dans un ouvrage où tout doit être noble, judicieux et vrai.

Dans la note qui termine le récit de la campagne d'Andalousie, le général Foy fait de justes observations sur le voile dont Napoléon a couvert ses rigueurs à mon égard. La publicité des faits était l'objet de tous mes vœux, et je l'ai long-temps réclamée de lui-même; mais ne pouvant revenir à des principes de justice, et voyant l'opinion toujours constante à me défendre, il a voulu la fatiguer par des persécutions mystérieuses et prolongées; il a enfin créé une commission, composée d'hommes dont plusieurs étaient également élevés par le rang et distingués par les lumières: mais le même voile a enveloppé cette mesure, qu'il a couronnée par un acte arbitraire émané de lui seul. Ce décret impérial fut regardé comme l'œuvre du despotisme, dit le général Foy, et il est ici le fidèle organe de ce sentiment de justice dont les cœurs français sont rapidement électrisés, et qui balance les rigueurs du pouvoir par l'estime et le prix des services. Quant aux paroles que l'on fait adresser par Napoléon au général Legendre, j'ignore si elles sont exactes, et si un emportement médité plutôt qu'une « crispation nerveuse » a pu les faire proférer; mais je dois rappeler une circonstance honorable pour le caractère de l'officier-général dont il est ici question, et montrer de nouveau toute la force de l'opinion qui régnait dans le corps d'armée sur les événements de la campagne. Le général Legendre n'avait pas signé la délibération des officiers-généraux et supérieurs sur la nécessité de la convention faite avec l'ennemi. De retour à Paris, le ministre de la guerre lui en fit l'observation comme pour l'engager à s'en prévaloir et à se dérober aux dispositions rigoureuses de Napoléon. « Je vais signer, » répond le général Legendre. Ce trait de loyauté et de courage est digne de tous les éloges. J'ajouterai que cet officier-général fut l'un des colonels de l'armée qui contribuèrent le plus au gain de la bataille de Marengo, et qu'à la tête du 40e régiment il a tenu dans ce village long-temps après que tous les autres corps l'avaient abandonné, vers le milieu de cette célèbre journée.

La même note fait mention du décret par lequel Napoléon a défendu de traiter avec l'ennemi en rase campagne. Je n'examinerai point si cette disposition n'a pas eu pour but de justifier des rigueurs arbitraires, et si, à l'époque où elle a été prise, elle n'a pas été un aveu fait par le despotisme de la violation des lois à mon égard. Ma fidélité aux principes militaires doit me faire adopter tout ce qui peut tendre à les fortifier : l'exercice du pouvoir qui m'a été confié, à une grande époque, m'en a fait sentir davantage l'importance; et je reconnais que le chef de l'empire a pu, sous ce rapport, modifier pour l'avenir la législation de l'armée. Mais un principe trop absolu et indépendant de toutes les circonstances peut avoir des inconvénients. La justice, d'accord avec l'honneur, doit en préciser l'application d'après les chances de la guerre. Napoléon a appris des événements qu'il est des circonstances impérieuses pour les chefs militaires comme pour les souverains eux-mêmes. Une grande pensée les guide alors; ils s'élèvent au-dessus des sacrifices personnels, et ils exercent le plus beau droit du commandement, dans ces occasions extraordinaires, en se dévouant au plus grand avantage de tous.

Les réflexions du général Foy sur l'impression que reçut Napoléon des nouvelles de l'Andalousie offrent quelques contradictions. S'il n'a vu, en effet, dans l'affaire de Baylen que le combat d'une division contre des forces supérieures, et dans son issue un échec facile à réparer, il n'a pu le regarder ensuite comme un événement qui devait avoir des effets tels que les plus grandes batailles n'en ont jamais produit. Des vues si différentes ne sauraient se concilier; mais il est prouvé par des notes insérées dans le Moniteur à cette époque et par les faits particuliers que j'ai rapportés, que Napoléon n'a considéré dans la perte du combat qu'un revers isolé, faible en lui-même et sans influence. Il était loin de penser que l'abandon de Madrid en serait la suite, et l'opinion d'un illustre maréchal, qui voulait que l'on continuât à occuper cette capitale, se trouve d'accord avec la sienne: elle était d'ailleurs fondée sur l'état réel des choses. Une précipitation irréfléchie a fait adopter des dispositions qui, loin d'être nécessaires, étaient opposées à la situation de la Péninsule et aux intérêts de la campagne. Napoléon n'a donc pu attacher à un fait particulier tous les événements de l'avenir, dont on en voudrait faire l'origine. Il n'a pu voir la renaissance de l'Espagne, « à son âge héroïque » et le triomphe de l'Europe dans un combat soutenu avec honneur par un petit corps de troupes dont le courage n'a cédé qu'au nombre. Ce qu'il a dû considérer, c'est l'exaltation d'un peuple brave et ardent, son dévouement à ses rois et l'appui de l'Angleterre, dont l'armée, fortement organisée, était prête à apporter un si grand poids dans la balance des chances de cette guerre. Quant à la junte de Séville, ce n'est point un avantage partiel et obtenu par l'effet de circonstances inouïes qui a pu la faire regarder comme « un gouvernement régulier, « une puissance. » La violation du traité d'Andujar a dû la faire juger au contraire avec une juste rigueur par toutes les nations et par l'Espagne elle-même. Cet acte, dont aucune autorité véritablement régulière et dirigée par des principes de gouvernement n'aurait voulu se rendre coupable, offrait à Napoléon une arme puissante contre ses ennemis; il devait en user pour venger le courage de ses troupes et la dignité de sa puissance : mais, pendant que nos soldats éprouvaient des traitements dignes de la perfidie qui les retenait prisonniers contre la foi jurée et les droits de la guerre, Napoléon s'est borné à en faire peser sur moi la plus dure responsabilité. Cette injustice a été le seul résultat des hautes promesses qu'il m'avait adressés sur le champ de bataille de Friedland.

En répondant à quelques-unes des observations du général Foy, je n'ai point voulu affaiblir l'hommage que j'ai rendu à des qualités dont il a relevé la noblesse par l'éclat d'un beau talent. L'amour de la vérité se manifeste dans ses critiques comme dans ses éloges. On est persuadé, en le lisant, qu'il aurait accueilli les éclaircissements dont quelques faits sont susceptibles dans son ouvrage, et même les contradictions que d'autres rendent nécessaires, s'il en avait eu connaissance. Il sentait que l'historien digne de ce nom doit toujours répandre une lumière plus vraie, recueillir et apprécier tout ce qui peut éclairer davantage, et qu'il doit surtout craindre de donner l'autorité de son nom à des assertions dont la justice et l'honneur des réputations militaires seraient blessés. Après avoir écarté les faits dont j'ai relevé l'inexactitude, et qu'il aurait rectifiés lui-même, j'aime à le croire, en revoyant son ouvrage pour le livrer au jour, je reconnais qu'il a donné, sous plusieurs rapports, un généreux et brillant exemple aux écrivains de notre temps. Il a montré comment on peut écrire avec succès l'histoire contemporaine, en écartant les préventions, les jalousies et les inimitiés dont elle est trop souvent le domaine. Le respect d'une grande mémoire ne l'a point empêché de juger les actes, de repousser les injustices qui s'y rattachent, et je me félicite d'avoir trouvé en lui une équité dont sa haute réputation rend les témoignages plus précieux et plus puissants.

LETTRE

SUR L'ESPAGNE,

EN 1808,

A M. LE COMTE D***,

PAR LE LIEUTENANT-GÉNÉRAL

COMTE DUPONT.

Monsieur le Comte,

C'est au moment où la guerre d'Espagne, heureusement terminée, ne donne plus lieu qu'à des concerts de louanges pour l'armée et son auguste chef, que je me propose de vous entretenir un moment des événements militaires qui se sont passés dans la péninsule à une époque antérieure. Un précis de la campagne d'Andalousie, en 1808, vient de paraître. Je n'en ai eu connaissance que plusieurs jours après sa publication, et je m'empresse de vous communiquer les observations qu'il me semble exiger.

M. le lieutenant-général Vedel a relevé dans cet écrit quelques passages d'une histoire de la guerre, et, en retraçant les opérations du corps d'armée dont j'avais le commandement, il les a placées sous le jour qu'il a cru le plus favorable à son dessein. La défense est un droit légitime; mais pour être victorieuse, il faut qu'elle soit juste dans les moyens qu'elle emploie.

On trouve jointes à ce précis des pièces relatives à une procédure où s'est montrée ouvertement la violation des premiers principes de justice, et qu'une ordonnance royale, rendue en 1814, a qualifiée de monstrueuse. Quel mépris des lois fut jamais en effet plus révoltant? C'est dans une Commission d'enquête arbitrairement formée que l'on vit le procureur-général de la Haute-Cour présenter un acte d'accusation comme devant un tribunal régulier et institué pour prononcer des jugements. Il est difficile de concevoir comment le pouvoir suprême qui existait alors a pu descendre à ce stratagème de tyrannie. Nous sommes déja éloignés de ces odieuses circonstances; mais si le souvenir de la persécution est adouci lorsque les moyens dont elle se sert se trouvent dévoilés, je dois être satisfait de voir mis au jour ce qu'une procédure inouie et de fausses accusations offrent d'indignité.

J'ignore les délibérations de cette Commission d'enquête, où furent appelés plusieurs personnages importants; màis je ne puis oublier l'impression produite par le développement de ma défense. Tout semblait m'annoncer le triomphe de la justice. J'éprouvais d'avance ce qu'il a de plus noble et de plus doux. Après des années entières d'oppression, combien il était heureux pour moi de pouvoir enfin me faire entendre, de me montrer tel que mes succès en Italie et dans le Nord m'avaient placé, j'ose le croire, dans l'estime de l'armée, et de répondre à l'opinion qui me soutenait en moi-même, et me défendait encore contre l'injustice toute puissante!

Avant d'entrer dans quelques détails particuliers, je vais tracer rapidement les principales circonstances de ma campagne de 1808. La paix de Tilsit est à peine signée, que Napoléon se livre tout entier à ses projets sur l'Espagne. Il se propose d'occuper ce royaume, et il me désigne pour commander l'un des corps destinés à cette opération dont le but est impénétrable. La grande part qu'il attribuait à ma division dans le gain de la mémorable et récente bataille de Friedland, l'avait porté à me confier ce commandement. Je me rends à Bayonne au mois de novembre 1807. J'organise le deuxième corps d'observation de la Gironde, composé en entier de la conscription nouvelle; ses divisions entrent en Espagne aussitôt qu'elles sont formées, et vont s'établir sur le Douro. Mon quartier général est à Valladolid à la fin de décembre. Tout était calme encore, malgré l'étonnement que causait notre présence. J'entretenais avec soin cet état de tranquillité et d'harmonie.

Le corps d'armée du maréchal Moncey se

porte sur Madrid au mois de mars, et le grand-duc de Berg se rend dans cette capitale. Je quitte Valladolid le 14 du même mois pour me rapprocher du Tage. Le 11 avril, je me porte de Madrid à Aranjuez, avec la division Barbou et la division Frésia, cavalerie. La deuxième division, commandée par le général Vedel, est placée à l'Escurial, et la troisième, sous les ordres du général Laval, occupe Ségovie.

Les événements d'Aranjuez, et ceux qui se préparaient à Bayonne, commençaient à agiter les esprits. Tolède éprouve quelques mouvements, et je m'y rends le 23 avril pour les calmer. Mon quartier général est établi dans cette ville. Des troubles plus sérieux éclatent le 2 mai dans Madrid. La situation de l'armée française avait déja changé de face, et elle exigeait des précautions analogues à la fermentation croissante. Le grand-duc de Berg veut alors pourvoir à la tranquillité du midi de l'Espagne, et je suis chargé d'occuper Cadix. L'état des choses ne permettait pas que mon corps d'armée fût divisé pour remplir une destination aussi éloignée du centre de nos forces.

Je reçois néanmoins l'ordre de marcher avec la division Barbou seulement et une partie de la division Frésia. Les marins de la garde, commandés par le capitaine de vaisseau D'Augier, suivent mon mouvement. Deux régiments suisses au service d'Espagne sont placés sous les ordres du général Rouyer; mais leur fidélité est douteuse, et ils se tourneront contre nous. Les deux autres divisions restent près de Madrid.

Arrivé à Andujar le 2 juin, j'apprends les mouvements de l'Andalousie. Les troupes de ligne qui se trouvaient au camp de St-Roch, celles qu'on envoyait dans le Midi pour les éloigner de la capitale et les régiments de milice, avaient embrassé la cause de l'insurrection. D'autres troupes se formaient; cette vaste province s'était déclarée; la junte de Séville avait usurpé tous les pouvoirs politiques, et les hostilités devenaient imminentes.

Après avoir rendu compte de ces circonstances, je poursuis ma marche sur Cordoue, et je me présente le 7 juin, au pont d'Alcolca, situé à deux lieues de cette ville. C'est là que commence la guerre dont les principaux moyens avaient été rassemblés dans l'Andalousie. Une tête de pont garnie d'artillerie, un corps de dix mille hommes sur la rive droite du Guadalquivir, un autre moins considérable sur la rive gauche, sont les premiers obstacles que nous avons à surmonter. La division Barbou engage un feu très-vif, au milieu duquel je fais attaquer la tête du pont. La brigade Pannetier aborde les ouvrages, franchit les fossés, et s'élance avec audace sur les parapets. Le pont est emporté. Pendant ce temps le général Frésia, soutenu par les marins de la garde, exécute plusieurs charges avec les dragons et les chasseurs. La plaine est promptement balayée des corps qui l'occupaient sur la rive gauche; l'ennemi se retire en désordre sur les deux rives du fleuve et se jette dans Cordoue.

Nous marchons de suite sur cette ville, après avoir ainsi heureusement forcé le passage du Guadalquivir. Elle était défendue par un grand nombre de troupes insurgées. Elle résiste aux sommations qui lui sont faites et elle est préparée à se défendre. Il était nécessaire de hâter notre attaque, pour la soumettre et prévenir les secours qu'elle pouvait recevoir. Les portes sont enfoncées à coups de canon, nos troupes s'avancent à travers le feu qui part des maisons; on combat de rue en rue, de place en place; nous parvenons à occuper les points essentiels, et la vivacité de l'action achève, après quatre heures de combat, la défaite de l'ennemi. Dans la même journée l'ordre est rétabli, et la sécurité rendue aux habitants. Le commandement de la ville est confié au général Laplane, qui établit des mesures sévères de police.

Tel fut le début glorieux du corps d'armés composé de jeunes soldats, qui dans leur premier combat s'aguerrissaient par la victoire. Nous avions fait beaucoup de prisonniers. Un acte de modération après le succès me paraît devoir être utile pour calmer le feu de l'insurrection. Je fais en conséquence remettre aux alcades de la province les hommes qui faisaient partie des nouvelles levées, et dont ils répondent. L'effet de cette mesure a été heureux et a favorisé nos approvisionnements.

Mais la position où je me trouve ne me permet plus de continuer ma marche sur Cadix. Une armée de ligne composée de presque tous les régimens espagnols se rassemble à Séville; les troupes de l'insurrection augmentent chaque jour; et il devient évident que le succès de Cordoue ne peut me maintenir dans cette situation isolée et sans appui. Si j'avais eu mon corps entier à ma disposition, j'aurais pu empêcher la formation de l'armée de Séville, dissoudre les nouvelles troupes et contenir tout le midi de l'Espagne. La justesse de cette réflexion montre celle de mes représentations antérieures.

Je me reporte le 18 juin à Andujar, et je m'établis sur la rive droite du Guadalquivir, dont le cours offre une ligne de défense pour couvrir l'intérieur. Toutes les dispositions convenables sont aussitôt faites. Une tête de pont est construite sous les ordres du général Dabadie; les gués sont reconnus, et sur tous les points essentiels, le général Faultrier fait élever des batteries. Tout est mis en œuvre pour attendre les renforts que j'ai demandés. Ma position est délicate, le service des vivres est très-difficile; mais j'ai l'ordre précis de me maintenir à Andujar, et je dois l'exécuter avec une énergique fidélité. C'est alors que la division Vedel reçoit l'ordre de venir me rejoindre. Elle traverse la Sierra Morena, et le 26 juin elle culbute un corps insurgé près Sainte-Héléne. Le colonel Baste, des marins de la garde, qui venait de faire une expédition sur Jaën avec un détachement de la division Barbou, est envoyé au-devant de la division Vedel pour favoriser son passage. Cette division s'établit à Baylen. Le général Ligier-Belair est placé sur le Guadalquivir en face de Mengibar, pour couvrir ce passage. Un corps ennemi s'étant présenté à Jaën, le 1er juillet, le général Vedel y envoie le général Cassagne, qui s'y distingue avec sa brigade dans deux combats brillants. L'ennemi est battu et dispersé.

La position d'Andujar ne peut être maintenue contre un ennemi qui cherche à passer le fleuve, qu'en étant liée avec celle de Mengibar; il faut que le cours du Guadalquivir soit éclairé avec une grande vigilance et fortement défendu pour couvrir la ligne de communication avec la Manche. Cette considération est la base des instructions que je donne à monsieur le comte Vedel. Le poste d'observation que le général Ligier-Belair avait placé sur la rive gauche est attaqué le 13, et se replie sur la rive droite; mais l'ennemi est contenu à Mengibar.

L'armée espagnole formée à Séville s'avance sur le Guadalquivir. Le 14, elle couronne les hauteurs qui font face à Andujar, et annonce le projet de forcer le passage. J'écris à M. le général Vedel de se rapprocher du général Ligier-Belair, afin d'être plus en mesure de repousser les tentatives que l'ennemi pourrait faire sur le passage de Mengibar, et je lui renouvelle mes instructions sur la nécessité de maintenir cette position importante qui lui est confiée. Le général Gobert, qui était arrivé la veille à la Caroline, reçoit l'ordre en même temps de se rendre à Baylen, afin de pouvoir appuyer soit Mengibar soit Andujar, selon les circonstances. Ce général n'a avec lui que deux bataillons et un régiment de cavalerie, la plus grande partie de sa division étant restée sur la ligne de communication, d'après les ordres qui lui ont été donnés de Madrid.

Dans la matinée du 15, l'ennemi a attaqué Andujar, et nous avons vu le développement de ses forces. Elles étaient trois fois supérieures en nombre à celles que je pouvais lui opposer. J'avais néanmoins l'espoir fondé de me maintenir à la faveur de mes dispositions de défense, et quoique le Guadalquivir fût guéable en plusieurs endroits, il offrait encore une barrière imposante. Après un grand feu d'artillerie et divers mouvements de troupes, l'ennemi reprend ses positions. Il était à prévoir qu'il renouvellerait son attaque le lendemain, et qu'elle serait plus sérieuse. Dans cette pensée, je charge un aide-de-camp du général Legendre, de porter au général Vedel l'ordre de m'envoyer un bataillon ou une demi-brigade, s'il n'a pas d'ennemi devant lui. Cet ordre était précis ; il ne changeait rien à la défense de Mengibar, qui restait toujours confiée à M. le comte Vedel, et cette position était devenue plus importante par la présence d'une armée de quarante mille hommes sur la rive gauche du Guadalquivir.

L'attaque prévue a lieu le 16. Le général Castanos dispose ses troupes pour tenter le passage. Il les porte sur le bord du fleuve, protégées par une nombreuse artillerie. Un feu très-vif s'allume des deux côtés, et nous sommes partout préparés à recevoir l'ennemi.

La contenance de nos troupes, la justesse du feu de nos batteries arrêtent ses tentatives après plusieurs heures de combat, et le forcent à se retirer. La division Vedel arrive à Andujar. J'apprends, deux heures après, ce qui vient de se passer à Mengibar. Un corps ennemi qui se trouvait devant cette division, voyant son mouvement et la position abandonnée, a passé le fleuve. Il a attaqué le général Ligier-Belair qui s'est défendu avec habileté, mais qui a dû se replier. Le général Gobert est accouru de Baylen à son secours; le combat a recommencé avec ardeur, mais une trop grande infériorité, et la blessure mortelle du général Gobert, ont forcé le général Dufour qui l'a remplacé dans le commandement à se retirer sur Baylen.

Frappé de cet événement, j'ai dû faire sentir à M. le général Vedel, combien l'inexécution de mes ordres non moins précis qu'importants nous devenait funeste. Leur observation eût empêché ce combat d'avoir lieu, ou l'aurait fait tourner à notre avantage; l'armée n'aurait pas perdu l'un de ses généraux les plus distingués, puisqu'il n'aurait pas eu occasion de combattre, et la ligne de notre communication avec la Manche ne serait pas compromise. Je forme sur-le-champ un nouveau plan d'opérations. Je conserve encore l'espoir de garder la ligne du Guadalquivir, dont la conservation m'est prescrite comme un ordre formel de Napoléon lui-même. L'ennemi s'étant partagé en deux corps, je conçois le projet de les combattre l'un après l'autre, et je veux profiter de cette circonstance qui affaiblit sa supériorité.

Monsieur le général Vedel reçoit en conséquence l'ordre de se porter sur Baylen lorsque sa division sera reposée, de se réunir au général Dufour, d'attaquer le corps ennemi qui a passé le fleuve et de le rejeter sur Mengibar. Après cette opération, il lui est prescrit de revenir avec rapidité sur Andujar où je veux réunir mes forces pour combattre le général Castanos qui n'a plus qu'une partie des siennes avec lui, et de laisser un corps suffisant pour la protection de Baylen. Dans le cas où un parti ennemi se serait jeté sur Baëza, il doit l'en chasser, afin que notre ligne de communication ne soit point inquiétée et que la rive droite du fleuve soit constamment libre.

Dans la soirée du 16, monsieur le comte Vdeel s'est mis en marche, et sa division a été augmentée d'un régiment d'infanterie et de deux escadrons, pour assurer davantage son succès. Arrivé à Baylen il n'y a point trouvé le général Dufour, qui, d'après un faux bruit sur les mouvements de l'ennemi, se portait sur la Caroline. Il suit lui-même cette direction et se rend le 17 à Guaraman; cette circonstance est remarquable. Le but de ses instructions était de reprendre la position de Mengibar; il devait y combattre le corps de Reding qui s'y trouvait réellement, et il perd un temps précieux en suivant le général Dufour qui a commis la faute de quitter Baylen sans motifs, sans ordre et après m'avoir écrit qu'il y tiendrait avec opiniâtreté. En arrivant à la Caroline le 18 au matin, le général Vedel a la certitude que l'ennemi n'a paru ni sur ce point ni à Sainte-Hélène. Les dangers de son mouvement auraient dû alors le frapper ainsi que la justesse de mes dispositions. Il est instruit que l'ennemi qu'il cherche est à Mengibar où je lui avais prescrit de le reconnaître et de le combattre, et il devait se reporter dès le même jour à Baylen. Il m'avait écrit de Baylen et de Guaraman, mais mes réponses fondées sur l'erreur qu'il me transmettait se rapportaient toujours à mon but primitif, c'est-à-dire, à la conservation de Mengibar et à la nécessité de repousser l'ennemi de cette position.

Aussitôt que je suis instruit que Baylen est abandonné par la division Vedel, j'envoie deux bataillons pour l'occuper. J'affaiblis de nouveau la division Barbou à Andujar malgré la supériorité de l'ennemi qui est devant elle; mais je dois penser que le général Vedel aura rétabli la sûreté de nos communications et rejeté sur la rive gauche le corps qui a attaqué le 16 le général Ligier-Belair, qu'il va promptement reparaître à Baylen et se réunir à moi pour achever l'exécution du plan d'opérations qui doit nous rouvrir l'Andalousie. Ces deux bataillons ne peuvent pénétrer à Baylen déja occupé en force par le corps de Reding. Sur le rapport qui m'en est fait le 18, je sens la nécessité de lever le camp d'Andujar; j'ai gardé cette position jusqu'à la dernière extrémité ainsi que le portaient mes instructions ; et je dois maintenant me rapprocher de la division Vedel, puisque des circonstances que je ne puis expliquer m'en ont séparé.

Il importait beaucoup de dérober notre mouvement au corps du général Castanos qui n'était éloigné d'Andujar que de la portée du canon. Les précautions nécessaires sont prises avec succès. La marche ne pouvant s'opérer que sur une seule colonne, les troupes sont disposées de manière à pouvoir combattre en avant et en arrière. Placées entre deux corps ennemis, cet ordre était indispensable. Les ambulances, le parc et les bagages sont rangés en conséquence. Le camp est levé à l'entrée de la nuit, l'avant-garde passe l'Harambler à deux heures du matin. On reconnaît l'ennemi aussitôt que le jour le permet, et les troupes continuent à filer avec célérité pour se former sur le terrain.

Me trouvant en présence du corps de Reding fort d'environ 25,000 hommes, et ayant laissé derrière moi celui de Castanos, quel n'était pas mon étonnement de voir que Monsieur le général Vedel, parti le 16 d'Andujar pour chercher ce corps de Reding, ne l'avait pas encore trouvé le 19! Après lui avoir confié mes principales forces pour reprendre le 17 la position de Mengibar, comment me vois-je réduit à combattre toute l'armée ennemie dans la position la plus défavorable? Je me demande où se trouve ce général qui a su le 18 au matin à la Caroline, que l'ennemi qu'il cherche est à Mengibar, et qui n'est pas revenu de suite sur ses pas? Je devais le croire enveloppé et compromis, mais cela ne peut être puisque toutes les forces de l'armée ennemie me sont opposées. Quelle que soit la cause de cette position extraordinaire, il faut combattre avec la plus grande énergie pour en sortir.

Il serait superflu de retracer ici tous les détails du combat, mais je dois dire que de toutes les affaires où j'ai vu la fortune couronner la bravoure de mes anciennes divisions, il n'en est point où il y ait eu plus de dévouement, où les dispositions aient été plus conformes aux règles de l'expérience militaire. Nous avons eu d'abord des succès; nous avons enlevé des drapeaux et des canons. Les légions qui combattaient pour la seconde fois ont montré tout ce qu'on peut attendre de ces jeunes et braves soldats ; la garde de Paris, le bataillon suisse de Freuler se sont bien conduits ; les marins de la garde ont signalé leur intrépidité ; les dragons, les chasseurs et un escadron de cuirassiers ont fait des charges brillantes sous les ordres du général de division Frésia ; plusieurs officiers-généraux ont été blessés ; le général Dupré a été tué, plusieurs officiers supérieurs ont été tués ou blessés ; beaucoup d'officiers et de soldats dans l'ardeur du combat négligeaient de faire panser leurs blessures, et, s'il m'est permis de le dire, j'en ai donné l'exemple ; tous ces efforts ont soutenu le combat pendant dix heures.

Mais le général de division Barbou qui observait le passage de l'Harambler me prévient que le corps de Castanos, auquel nous avons dérobé la veille notre marche, arrive près de lui. L'ennemi que nous combattons a fait des pertes considérables, mais sa grande supériorité les rend moins sensibles que les nôtres ; il n'y a plus dans les rangs qu'un petit nombre de combattants, les forces du soldat s'épuisent et l'on en voit sous la mitraille qui ne répondent plus au feu de l'ennemi. La brigade suisse-espagnole, malgré les efforts du général de division Rouyer pour la contenir, se tourne contre nous, à l'exception des officiers et des chefs dont la loyauté égale le courage. Dans cette crise extrême je fais demander au général Reding une suspension d'armes, et je propose de me retirer sur Madrid. Il accepte la première proposition, mais la seconde ne peut être consentie que par le général Castanos; un officier lui est envoyé, le mouvement de son corps est arrêté et une négociation va s'ouvrir sur ma retraite à Madrid.

Pendant que ces choses se passaient à Baylen, j'étais toujours occupé de la division Vedel, sans pouvoir imaginer la cause qui la retenait loin de moi et loin de l'ennemi que je combattais. Ce n'est que plusieurs heures après la fin de l'action que j'apprends son arrivée à Baylen; elle avait entendu le canon avant quatre heures du matin, elle n'avait que quatre lieues à faire pour se rendre sur le champ de bataille, et elle pouvait s'y présenter à neuf heures; mais elle suspend sa marche à deux lieues de la Caroline, à Guaraman, et elle ne la reprend que lorsqu'il n'est plus temps de secourir la division Barbou. Le général Vedel, en arrivant près du général Reding, est instruit par lui de la suspension d'armes, et il m'envoie un officier pour en être assuré. Dans cet intervalle, un bataillon espagnol avec deux pièces de canon est pris par ses troupes : le général Reding en réclame la restitution comme ayant été enlevés pendant l'armistice, et j'ai cru devoir l'ordonner.

La retraite de la division Barbou devant être le prix du combat qu'elle venait de livrer, je me suis hâté d'envoyer le général Chabert pour stipuler cette convention : la fermeté qu'il avait montrée justifiait ce choix; il avait eu deux chevaux tués sous lui dans le combat, et il était juste de penser qu'il aurait le même zèle pour défendre les intérêts des troupes dans la négociation. La grande réputation de M. le général Marescot, qui était en ce moment avec le corps d'armée, mais n'en faisait pas partie, me fit juger que sa présence serait utile dans la conférence qui allait s'ouvrir avec les généraux ennemis, et je l'engageai à accompagner le général Chabert, comme témoin de la négociation : ils se rendent le 20 au matin, à Andujar, près du général Castanos.

Le résultat de la négociation devait être le libre passage sur Madrid que j'avais demandé, et il allait être consenti lorsqu'une lettre interceptée, du commandant général à Madrid, change tout à coup la face des choses. M. de Fénélon, officier d'état-major qui m'apportait cette lettre, est arrêté ; elle contenait des renseignements qui élèvent les prétentions de l'ennemi, et rendent notre situation plus pénible. Il demande que la division Barbou se rende à discrétion ce qui est rejeté avec indignation ; il demande ensuite que la division Vedel soit comprise dans le traité pour évacuer l'Andalousie, et c'est sur de nouvelles bases que cette circonstance imprévue établit la négociation.

J'ignorais ce qui se passait à Andujar, mais pour ne pas manquer aux soins de la prévoyance je fais dire à M. le général Vedel de se tenir prêt à opérer sa retraite. Je voulais à tout événement mettre sa division à l'abri de ce qu'un ennemi supérieur, en forces, pourrait méditer contre elle. Dans le même moment, tous les officiers généraux sont rassemblés pour examiner notre situation. Ils reconnaissent, d'après le rapport des chefs de corps et leurs propres observations, que la division Barbou, dont l'honneur est mis à couvert par le violent combat de la veille, ne peut le recommencer, et qu'il est indispensable de traiter avec l'ennemi.

La division Vedel quitte sa position le 21, et se rend à la Caroline. J'apprends l'enlèvement des dépêches de M. de Fénélon, et l'effet de cet incident fâcheux; j'envoie aussitôt deux officiers au général Chabert, pour lui recommander la plus grande fermeté, et lui rappeler qu'il ne doit traiter que pour la division Barbou; mais les renseignements obtenus pas l'ennemi lui donnent une obstination invincible. Le général Chabert vint me rendre compte de la négociation et des circonstances imprévues qui l'ont empêché de stipuler notre retraite sur Madrid; il me représente la nécessité où il s'est trouvé d'adopter les conditions du traité, qui porte que la retraite des troupes doit s'opérer par mer, que la division Barbou est considérée comme prisonnière de guerre jusqu'à son embarquement, qui devra se faire immédiatement, et qu'elle reprendra les armes aussitôt son arrivée; quant à la division Vedel, il est seulement stipulé qu'elle sera transportée par mer en France. Dans cette situation, je considère la faculté qu'auront les troupes de rentrer en campagne sous peu de temps, l'opinion des officiers-généraux sur l'impossibilité de recommencer le combat, et la justice due à un corps dont le courage s'est signalé et assure son honneur. La même nécessité qui a déterminé l'officier-général chargé de la négociation, me force ainsi à en adopter le résultat : j'en instruis le général Vedel. La liberté de notre passage vers Madrid semblait assurée lorsque j'ai proposé la suspension d'armes, et il a fallu une complication d'incidents qu'il était impossible de prévoir et de surmonter, pour voir nos succès interrompus par cet événement.

L'exécution fidèle du traité nous eût ramenés promptement sur le théâtre de la guerre; mais il a été violé par une déloyauté qu'il n'était pas permis de soupçonner. Nos troupes ont été retenues en Andalousie, et le traitement odieux qu'elles ont éprouvé a répondu à cet acte si indigne des nations civilisées. Les états-majors des divisions ont été seuls ramenés en France. L'énergie de mes réclamations a été vaine; l'indignation de la bonne foi trahie n'a pu faire sentir à la junte de Séville qu'elle se couvrait gratuitement d'une tache ineffaçable, car le retour de nos troupes ne pouvait avoir qu'une faible influence sur l'issue de cette guerre.

En recevant le rapport de ces événements, Napoléon les juge d'abord avec calme, il voit un combat glorieux en lui-même, par le courage des troupes, et malheureux seulement par des incidents inouis; il apprécie mes dispositions, rappelle mes succès antérienrs, et fait porter à ma famille des paroles rassurantes : mais sa politique inexorable ne tarde pas à prévaloir, et une fois engagé dans la voie de l'injustice et des rigueurs, il y sera retenu par cette inflexibilité de caractère qui faisait son orgueil et qui devait faire sa perte. La preuve de ses premières dispositions, à mon égard, est dans cette anecdote trop précieuse pour être omise, et qui est seule une justification. Un bulletin sur les événements de l'Espagne est envoyé à l'impression, et tout à coup il est retiré et changé en ce qui me concerne ; la première version m'était favorable, et la seconde m'est toute contraire : ce n'est plus une relation fondée sur les faits, un raisonnement dicté par des considérations militaires; c'est l'inspiration d'une politique passionnée, qui a choisi sa victime, et veut s'envelopper contre le jour et l'effet des évènements. Un système réfléchi de persécution suit ces premiers mouvements de justice.

J'ai exposé des faits, ils ne sont point contestés et ne peuvent l'être; mais l'écrit, dont je vous ai parlé, cherche à en affaiblir les conséquences. Ainsi, M. le général Vedel dit que, lorsqu'il a quitté le 15, sans ordre ou plutôt contre ses instructions, la position de Mengibar, il m'en a prévenu, et que je pouvais faire rétrogader son mouvement. Cette justification est peu heureuse. Comment ne voit-il pas que son départ a donné lieu au combat malheureux du 16, et qu'en arrêtant sa marche, lorsque je l'ai apprise, à une distance de huit lieues, je ne pouvais empêcher cet événement dont j'avais prévu la possibilité dans mes ordres, et qu'il devait prévenir en gardant sa position? Il avait connaissance d'un corps ennemi à Mengibar, et dès lors il n'avait à m'envoyer qu'un seul bataillon, d'après l'ordre qui lui avait été porté par le capitaine Desfontaines. Il part néanmoins avec toute sa division, laisse le général Ligier-Belair devant des forces supérieures, et expose la ligne de communication à être coupée. L'ennemi profite de ce faux mouvement, ainsi que je l'ai dit; le général Ligier-Belair est forcé de se replier, et le général Gobert est tué. N'est-il pas évident que si le général Vedel n'avait pas abandonné Mengibar, l'ennemi n'aurait pas tenté le passage du fleuve, ou que le combat aurait eu une issue différente? L'inexécution de mes ordres a donc été aussi funeste que contraire aux principes.

Il fallait prévenir sur-le-champ les suites

de cet événement, et je confie cette opération importante à M. le général Vedel dont je renforce la division, ainsi que je l'ai déjà observé. La carte à la main je lui montre le point de Mengibar comme le champ de son succès, attendu que l'ennemi s'y trouve, selon toute apparence, et je lui recommande de revenir avec promptitude, pour livrer avec moi un combat décisif au général Castanos, devant Andujar. Comment peut-on croire, maintenant, que M. le général Vedel va traverser Baylen en suivant le général Dufour et qu'il laisse l'ennemi à Mengibar, si près de lui? Peu d'heures suffisaient pour s'assurer de sa présence sur ce point, et pour rectifier le faux mouvement du général Dufour. Ayant réuni toutes ses troupes dans la journée du 17 à Baylen, le général Vedel devait marcher sur Mengibar et remplir ses instructions. Leur justesse est évidente puisque l'ennemi se trouvait réellement dans cette direction.

Avant de quitter Baylen, le général Vedel m'a écrit son mouvement sur Guaraman; il observe que je l'ai approuvé, et il trouve une contradiction entre ma lettre et ce que j'ai dit dans les interrogations. Mais il est démontré dans ces pièces mêmes que je me suis toujours renfermé dans mon plan d'opérations dont le but principal était la sûreté de Baylen. Privé de mes papiers, et ne pouvant produire littéralement le contenu de mes lettres, j'ai insisté sur cette observation. Lorsque M. le général Vedel m'écrit que l'ennemi qu'il devait chercher à Mengibar, et qu'il y aurait trouvé, se porte sur la Caroline, ma réponse doit être fondée sur ces renseignements auxquels je dois ajouter foi. Je l'ai envoyé pour reconnaître et pour agir; je dois donc penser qu'il a fait ce qu'exigent les principes de la guerre, qu'il a reconnu l'ennemi qu'il a à combattre, et qu'en faisant un mouvement contraire à ses premières instructions, il s'est assuré de la réalité des motifs qui le déterminent. C'est le corps de Reding qu'il doit trouver et repousser; si ce corps est à Mengibar, c'est là qu'il faut le combattre; s'il est à la Caroline, c'est également là qu'il faut l'attaquer.

Les instructions, données à M. le général Vedel, portaient qu'il devait se réunir au général Dufour, et il s'en appuie pour justifier l'abandon de Baylen; mais cette réunion devait avoir lieu devant l'ennemi pour le combattre de suite, et puisqu'il était à Mengibar, le général Vedel devait rappeler le général Dufour pour opérer avec lui sa jonction à Baylen. Il est donc bien peu fondé à dire qu'il suivait ses instructions lorsqu'il en méconnaissait la véritable intention et marchait après un général placé sous ses ordres au lieu de rectifier son mouvement.

En poursuivant sa marche, M. le général Vedel m'écrit de Guaraman, et il m'entretient dans la même erreur sur la marche de l'ennemi, lorsqu'il lui était si facile d'en avoir des renseignements certains. Il allègue de nouveau mon approbation pour son mouvement vers la Caroline, et il ne voit pas qu'elle n'est fondée que sur l'inexactitude de ses rapports. Comment pouvais-je penser, qu'ayant pris sur lui de quitter Baylen et d'en rappeler le général Kavrois qu'il y avait laissé, il me donnait des renseignements contraires à l'état réel des choses, lorsqu'il était sur les lieux mêmes où il devait les vérifier, et lorsque je ne pouvais être instruit que par lui? Ce ne sont donc point les faux bruits répandus par les habitants, mais les rapports du général Vedel qui m'ont laissé ignorer la position de l'ennemi, contre lequel je l'avais envoyé. Je lui recommande toutefois de veiller sur Baylen, et la sûreté des communications; je crains toujours l'apparition d'un corps qui peut venir de Mengibar, et je me pénètre davantage des motifs qui ont dicté mes premières dispositions. Loin qu'il y ait eu de l'indécision dans les ordres que j'ai donnés, ils ont toujours eu pour base la nécessité de rejeter de l'autre côté du fleuve le corps ennemi qui l'avait passé. Je devais le supposer à Mengibar, où il se trouvait réellement, et l'on ne conçoit pas comment M. le général Vedel ne l'y a pas reconnu, s'est laissé tromper par de faux bruits à Baylen, est resté dans son erreur à Guaraman, et a laissé à découvert, sans motifs, la position qu'il était chargé de mettre en sûreté.

Si l'emploi du temps est surtout précieux à la guerre, on doit s'étonner que M. le général Vedel ait employé trente-six heures à faire onze lieues, d'Andujar à la Caroline; la marche la plus rapide lui était prescrite par l'importance de son opération. Il arrive à la Caroline dans la matinée du 18, et il voit ce qu'il aurait dû savoir à Baylen, que l'ennemi n'a paru ni sur ce point ni à Ste.-Hélène: quelle a dû être alors son inquiétude! quels regrets ne doit-il pas éprouver de ne s'être pas assuré de la position de l'ennemi qu'il a laissé à Mengibar, et qui peut s'emparer de Baylen! Combien ne doit-il pas être frappé de la justesse de mes instructions du 16, dans lesquelles je lui prescrivais de chercher l'ennemi à Mengibar, et de le rejeter de l'autre côté du fleuve dans la journée du 17! On doit croire qu'il va se reporter à l'instant sur Baylen pour prévenir les suites du mouvement si dangereux qu'il vient de faire : c'était le parti nécessaire qu'il avait à prendre; mais il passe toute la journée du 18 à la Caroline, et rend ainsi les circonstances plus graves.

La journée du 19 offre des observations plus pénibles encore à retracer. Les premiers coups de canon de Baylen sont entendus à la Caroline, avant quatre heures du matin; ils font juger que le combat est engagé, non à Andujar, mais sur un point beaucoup plus rapproché. Partant de suite, et marchant avec la vivacité qu'exige un pareil moment, la division Vedel pouvait être arrivée à neuf heures, sur le terrain de l'action; et elle ne s'y présente que vers quatre heures du soir. Elle s'est arrêtée à Guaraman, après une marche de deux lieues. Le bruit de l'artillerie et de la mousqueterie, qui a duré dix heures, se fait vainement entendre; il ne hâte point la lenteur du mouvement et ne suspend pas un repos qui n'était pas nécessaire. Lorsque M. le général Vedel parle de gloire, je dois convenir qu'il y en avait beaucoup à acquérir dans une journée où une division est engagée dans le combat le plus inégal, auquel une autre division brûle de prendre part. Qui pourrait méconnaître l'influence d'un prompt secours apporté en ce moment à des braves accablés par le nombre, et l'effet désastreux de l'absence de ce secours qui était si près d'eux?

La guerre n'offre pas de plus belles occasions de gloire que celles où un corps, par une marche rapide, peut appuyer un autre corps pressé par la supériorité de l'ennemi, et en réunissant leurs efforts, assurer le succès. J'ai su les saisir lorsqu'elles se sont présentées, et il me sera peut-être permis de le dire, lorsque j'ai à regretter si vivement que l'une de mes divisions n'ait pas volé au secours de l'autre. Dans la campagne d'Autriche, la division Gazan combat, à Diernstein, l'armée russe de Kutusow; elle déploie la plus grande valeur: mais l'ennemi, très-supérieur en force, profitant du nombre et de la nature du terrain, porte sur ses derrières un corps de douze mille hommes. Après une marche de dix lieues dans ce jour, ma division arrive, attaque ce corps avec furie, le repousse, et rétablit la ligne d'opérations sur laquelle agissait avec gloire M. le maréchal Mortier. Je rendais alors au général Gazan le même service que j'en avais reçu lorsque, sous les ordres habiles de M. le maréchal Suchet, il vint prendre part à la bataille de Pozzolo, après le passage du Mincio, exécuté par l'aile droite de l'armée d'Italie que je commandais. C'est par cette célérité et ce concours des mouvements que les chances critiques de la guerre sont surmontées.

Toutes ces observations, fondées sur les faits, et qui se développent d'elles-mêmes, ont déja été produites; j'en retrouve la substance dans les interrogatoires insérés dans le précis dont il est question; j'y ai vu ces pièces avec une grande satisfaction. Mes réponses aux questions qui me furent alors adressées, ont éclairé toutes les circonstances et détruit toutes les objections. Je ne suis donc pas peu étonné de voir ce précis reproduire ce qui s'y trouve déjà réfuté et anéanti. En effet, veut-on m'opposer de nouveau la prétendue contradiction de mes ordres d'Andujar? j'observe que mes réponses ont déja prouvé la justesse et l'identité de mes vues qui tendaient toutes à rejeter l'ennemi sur la rive gauche du Guadalquivir; on voit, dans ce que j'ai dit antérieurement, la faute inconcevable qui a été commise en ne reconnaissant pas l'ennemi à Mengibar, lorsqu'on était à Baylen, ayant cette instruction précise à remplir, et le contretemps inexplicable qui résulte du temps perdu à Guaraman et à la Caroline. Veut-on se prévaloir de l'absence de mes papiers, à l'époque des interrogations? je fais remarquer que, si dans mes lettres dont je ne me rappelais pas le texte et que j'ai retrouvées depuis, j'ai approuvé le mouvement sur la Caroline, c'est parce que M. le général Vedel m'annonçait que l'ennemi s'y trouvait, et qu'il était dès lors nécessaire de l'approuver. Un ordre contraire eût été privé de raison. Je devais croire à des renseignements donnés sur les lieux par un général chargé d'ordres à exécuter sur ces lieux mêmes. Mais je persiste toujours dans mon plan d'opération, qui est d'assurer la communication, de tenir la rive droite du fleuve entièrement libre, et de concentrer ensuite mes forces à Andujar, pour frapper un grand coup sur le corps ennemi placé devant cette ville.

Parmi les observations les plus inattendues que renferme ce précis, on en trouve de relatives à la levée du camp d'Andujar, à l'ordre de marche et aux dispositions du combat. Comment croire que M. le général Vedel a pu se résoudre à reproduire fidèlement les objections du procureur-général de la Haute-Cour? Faut-il donc que je redise, ce que démontrent d'ailleurs les premières notions de la guerre, que le camp d'Andujar a dû être levé en silence et avec précaution devant un ennemi dont on n'était séparé que de la portée du canon, afin de lui dérober le mouvement; que l'ordre de marche a été judicieusement pris, attendu qu'il fallait se tenir prêt à combattre en avant et en arrière, et que tout ce qu'on appelle *impedimenta,* devait être placé de manière à ne pas gêner l'action des troupes qui opéraient leur marche entre deux corps ennemis? Quant à cette profusion de bagages qu'on attribue à une simple division, faut-il rappeler les ordres donnés au commandant de la gendarmerie, et d'après lesquels, prévenant tout abus, il faisait détruire les voitures non autorisées par le réglement , ou faisait remettre au parc d'artillerie celles qui pouvaient lui être utiles? Ce sont donc des détails faux que contient à cet égard l'acte du procureur-général, qui dit au surplus qu'il n'a pas de preuves des faits qu'il avance. Il en est de même de la garde des équipages sur le terrain. Tout a combattu, tous les corps ont donné avec autant d'ensemble que de vigueur. Les moyens indiqués par les principes de la guerre, les dispositions adaptées au terrain, les efforts commandés par cette position extraordinaire, tout a été employé dans un combat où un corps d'environ six mille hommes était engagé contre des forces quatre fois supérieures en nombre.

La pièce déja citée contient également la réponse la plus précise aux observations qui concernent la remise des prisonniers faits par la division Vedel. On y voit que le colonel Baste m'a rendu compte qu'il a lui-même engagé le commandant espagnol à empêcher ses soldats de tirer, attendu la suspension d'armes. On juge par là que la loyauté ne permettait pas de retenir ces prisonniers, et il est d'ailleurs facile de sentir que cet incident ne devait pas nuire à l'espérance que nous avions d'opérer notre retraite sur Madrid. Si l'on rappelle l'idée de recommencer le combat le 20, les mêmes réponses prouvent qu'elle ne pouvait être exécutée. Cette impossibilité a été constatée par la délibération de tous les officiers-généraux, dont l'honneur, l'expérience et les services commandent la plus entière considération.

Ainsi, je dois m'applaudir du soin qu'a pris

M. le général Vedel, de joindre à son précis les réponses que j'ai faites dans le temps, et qui détruisent ses allégations, comme elles ont anéanti celles du procureur-général de la Haute-Cour. La vérité des faits, la justesse de leurs conséquences, la force des considérations militaires, tout se réunit dans les développements que j'ai donnés pour les rendre victorieux. Je n'ai donc pas besoin de relever cette observation que le désastre n'est dû qu'à moi ; elle est détruite par tout ce qui précède. Mais j'ajouterai qu'une voix bien puissante vient appuyer la mienne ; c'est celle de tous les officiers des corps d'armée qui étaient réunis sur le ponton *la Castille* dans la baie de Cadix. Ces braves dans leur captivité, n'ont cessé de plaindre ma situation, comme je déplorais de mon côté les effets de la perfidie qui les retenait prisonniers. C'est dans ces moments pénibles que tout se dévoile sans ménagement ; le malheur rend même quelquefois les plaintes injustes, mais la force de la vérité et la noblesse du caractère français ont toujours prévalu dans leur esprit, et ils ont rendu une justice entière à mes opérations. Je ne puis me rappeler ce touchant et honorable souvenir, sans y joindre celui de leur glorieuse délivrance des mains de l'ennemi. Indignés de la violation du traité, ils se sont rendu maîtres du ponton qui leur servait de prison, et à la faveur d'une tempête ils ont traversé les deux escadres ennemies, bravé le feu dont ils étaient assaillis de tous côtés, et ont gagné le rivage occupé par les Français. Il n'y a point de fait d'armes plus beau que cette héroïque entreprise. La loyauté trahie ne pouvait se venger plus noblement, et, pour comble de la satisfaction que j'ai éprouvée, c'est ma division de Friedland qui a reçu ces courageux officiers et favorisé leur débarquement.

Si les juges les plus irrécusables des événements militaires sont les officiers-généraux qui, en y concourant, ont pu apprécier les ordres donnés, leur exécution et les circonstances dont l'effet a été favorable ou funeste, il est bien précieux pour moi de pouvoir m'appuyer également sur le suffrage des généraux du corps d'armée. Leur témoignage plus éclairé, plus imposant encore a justifié toutes mes dispositions. Ceux qui étaient immédiatement avec moi, comme ceux de la division Vedel, les ont appréciées. Lorsque ces derniers se sont trouvés au fort Saint-Sébastien près Cadix, ils ont tous manifesté cette opinion qui m'a été transmise à cette époque. La faute commise le 19, lorsqu'il fallait accourir de la Caroline et de Guaraman au secours de la division Barbou, sera toujours regardée comme la cause du revers de cette journée.

Je ne m'arrêterai pas à cet acte d'accusation qu'on trouve dans le précis. Il dévoile à mon égard les secrets de la tyrannie, et je suis vengé par sa publicité même. Après tant de moyens honteux employés contre moi, apres tant d'efforts et de temps pour égarer et lasser l'opinion qui me défendait, Napoléon a été réduit à prononcer lui-même, par un acte illégal, une condamnation qu'il a désespéré d'obtenir d'un tribunal régulier. La commission qu'il avait formée, et qu'il voulait rendre plus imposante, en établissant le lieu de ses séances dans le palais des Tuileries, n'était destinée qu'à faire des enquêtes. Il n'a pas osé lui confier le pouvoir de prononcer ma justification. Il a craint également ma défense solennelle devant la Haute-Cour. Des imputations fausses et absurdes ont été vainement accumulées; elles n'ont eu d'autre résultat que le mépris qui leur est dû, et dont l'aveu tacite se trouve même dans le décret arbitraire dont j'ai été frappé.

On lit dans le précis un article de loi, sur l'obéissance militaire, et l'on en reconnaît toute l'importance dans cette occasion. En effet, si la séparation de mon corps d'armée a été une mesure imprudente dans le commencement de la campagne, l'inexécution de celles que j'ai prescrites dans le cours de mes opérations devant l'ennemi, a eu les résultats qui se trouvent ici développés. La force des armées est dans leur organisation qui les fait mouvoir par une seule volonté : quelle sécurité dans le commandement pourrait avoir lieu, quel ensemble dans les mouvements serait obtenu, et quel plan d'opérations pourrait être couronné du succès, si les ordres étaient méconnus ou mal exécutés? Le principe de l'obéissance militaire ne peut donc être trop fortement empreint dans tous les grades, et lorsque j'ai exécuté avec une ardeur opiniâtre les dispositions qui m'étaient prescrites dans la position difficile d'Andujar, je dois regretter avec amertume que les miennes n'aient pas été observées avec la même précision.

Quel que soit le prix que j'attache aux observations décisives dans lesquelles je viens d'entrer, je n'aurais point songé à les émettre si M. le général Vedel n'y avait donné lieu, et s'il s'était renfermé dans une discussion historique des faits, en répondant aux auteurs de l'ouvrage intitulé *Victoires*, *Conquêtes*, etc. J'ai moi-même quelques rectifications à désirer dans cette histoire de la guerre, pour mes campagnes du Nord comme pour celle d'Espagne : j'ai remarqué, par exemple, pour le dire en passant, que l'un des trois combats livrés par ma division devant Ulm, a été omis ; il a eu cependant une influence remarquable sur cette campagne : dans celle de Prusse, ma division a fait prisonniers de guerre deux régiments de la garde royale suédoise, sur le canal de la Trave, et ce fait est attribué à un autres corps. Dans mes rapports au gouvernement sur l'Andalousie, j'ai eu soin de garder le caractère d'un chef qui rend compte des faits et cherche plutôt à alléger qu'à aggraver les fautes. Il a fallu l'obligation de la défense pour justifier ici de nouveau le commandement que j'ai exercé en 1808, et y répandre toute la lumière qui doit l'éclairer.

M. le comte de Vedel observe qu'il a été rappelé, en 1813, au commandement d'une division, et il aurait pu ajouter qu'il a été employé en 1814 comme inspecteur-général. J'éprouvais toutes les rigueurs de la persécution, lorsque Napoléon l'a rétabli dans les fonctions de son grade; mais cette différence de situation n'a point fait naître en moi un sentiment de peine. C'est sur ma proposition qu'il a été nommé par le roi à une inspection générale; et si je rappelle cette circonstance, c'est pour répondre à la première observation et non pour me parer de générosité. Investi du pouvoir à cette époque, je devais répondre à la confiance royale en faisant éprouver à l'armée tous les avantages de la restauration; beaucoup d'actes rigoureux avaient été exercés sous le gouvernement antérieur, et ils ont tous été réparés en ce qui concernait mes attributions: la bonté souveraine s'est étendue à tous ; l'intérêt du trône et les principes d'une justice qui embrasse tous les autres intérêts, m'ont toujours guidé dans l'exercice de l'autorité. L'organisation des corps, le tableau général de l'activité, et la distribution des récompenses, attestent que tous les droits et tous les services ont été appréciés

Après le 20 mars, j'ai été atteint de nouvelles persécutions ; un décret de destitution et d'exil a été rendu contre moi ; mais c'était le ministre du roi que Napoléon poursuivait alors, en convenant lui-même que ses rigueurs antérieures avaient été injustes : l'honneur que j'avais eu de prendre une part importante à la restauration, l'irritait seul en ce moment.

Si, lorsqu'un pouvoir absolu et guidé par une fausse politique s'appesantissait sur moi, l'opinion toujours équitable et généreuse m'a soutenu, quelle ne doit pas être ma confiance sous le règne de la loyauté et de la justice dont le trône est l'appui? Le témoignage le plus auguste s'est fait entendre en ma faveur, et il m'est bien doux d'en retracer le souvenir. Lorsque je me suis présenté en 1814 au roi, comme ministre provisoire de la guerre, les premières paroles qu'il m'a adressées sont celles-ci : « Vous avez cédé en Espagne à des « forces supérieures ; mais je ne vous en estime « pas moins. » Sa Majesté a daigné aussitôt me le prouver en me confirmant dans les hautes fonctions que je remplissais pour son service à cette époque mémorable.

Vous penserez, monsieur le comte, que je ne puis mieux terminer les réflexions contenues dans cette lettre, que par les paroles royales que je viens de citer, et qui seront toujours pour moi l'égide de l'honneur, ainsi que pour les braves troupes que j'ai commandées.

Recevez, monsieur le comte, l'assurance de ma haute considération.

Paris, le 6 novembre 1823.

Le comte DUPONT.

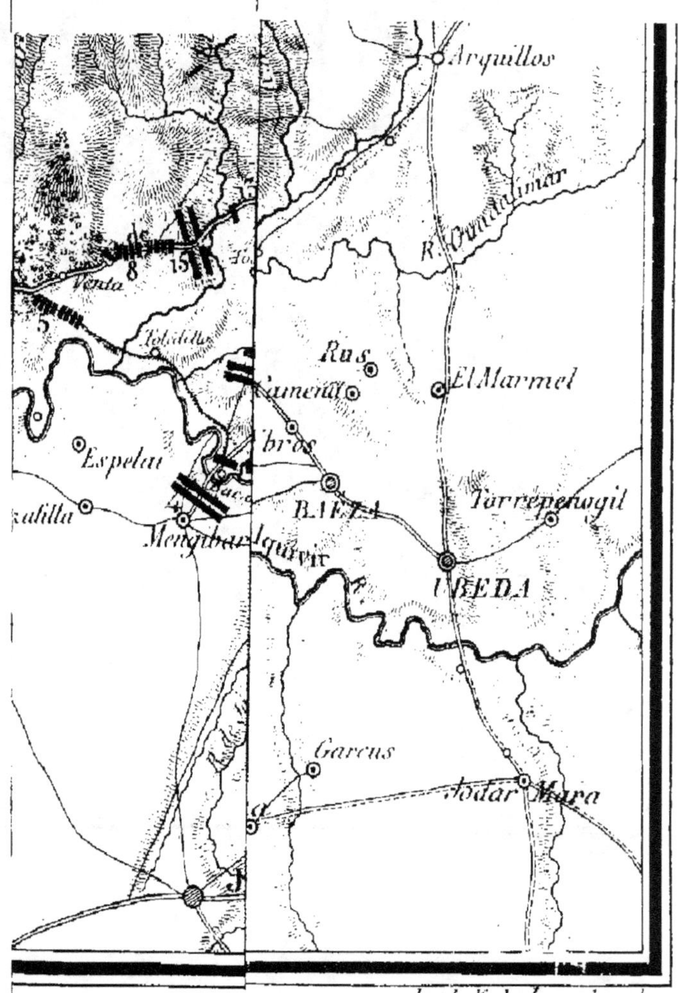

Lithe. de Langlumé

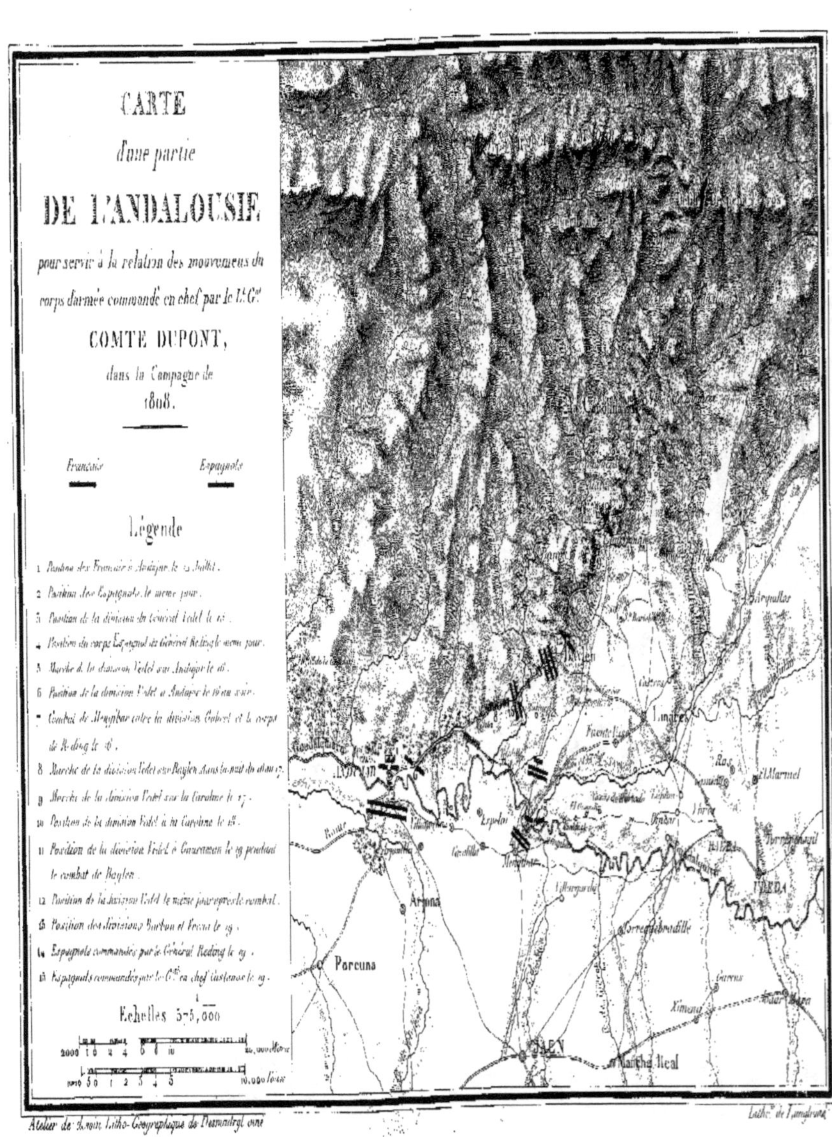
CARTE
d'une partie
DE L'ANDALOUSIE
pour servir à la relation des mouvemens du
corps d'armée commandé en chef par le Lt. Gal.
COMTE DUPONT,
dans la Campagne de
1808.
Français
Espagnols
Légende
11 Position de la division Vedel à Guarroman le 19 pendant le combat de Baylen.
12 Position de la division Vedel le même jour après le combat.
Echelles $\frac{1}{575,000}$
Porcuna
Arjona
JAEN
Linares
El Marmol
UBEDA
Mancha Real
Ximena

www.ingramcontent.com/pod-product-compliance
Lightning Source LLC
LaVergne TN
LVHW020026170826
845678LV00001B/136